CUATRO IGLESIAS DE LA ORDEN MILITAR DE SANTIAGO DEL COMÚN DE LA MANCHA EN EL SIGLO XVIII

CAMPO DE CRIPTANA, PEDRO MUÑOZ, SOCUÉLLAMOS Y TOMELLOSO

Antonio Manzaneque Angulo

CUATRO IGLESIAS DE LA ORDEN MILITAR DE SANTIAGO DEL COMÚN DE LA MANCHA EN EL SIGLO XVIII

Campo de Criptana, Pedro Muñoz, Socuéllamos y Tomelloso

BIBLIOTECA DE AUTORES MANCHEGOS
DIPUTACION DE CIUDAD REAL

Primera edición: 2026

© Antonio Manzaneque Angulo
© Diputación Provincial de Ciudad Real

Edita: Servicio de Cultura. Diputación Provincial
Biblioteca de Autores Manchegos (BAM)
Plaza de la Constitución, 1. 13001 Ciudad Real
Tlf.: 926292575
Web: www.dipucr.es

Cubierta: BAM. Cruz de la Orden Militar de Santiago e imágenes coloreadas de las iglesias parroquiales de Campo de Criptana, Pedro Muñoz, Socuéllamos y Tomelloso.

Coordinación editorial: Jesús Reviejo
Colección General, número 254

Imprime: Gráficas Garrido, S.L.
ISBN: 978-84-7789-435-3
Depósito Legal. CR-246-2026

Impreso en España

A mi esposa, hijos, nietos y otros familiares que en todo momento me han animado en mis trabajos de investigación.

ÍNDICE

PRÓLOGO

Desde mis estudios de Enseñanza Primaria, no sé bien cuál fue el motivo, me aficioné a la Historia, afición que ha permanecido a lo largo de toda mi vida, tanto es así que en cuanto pude, ejerciendo ya varios años como maestro de Primera Enseñanza, hice la licenciatura de Filosofía y Letras (Sección de Historia y Geografía) en la Universidad Complutense de Madrid. Posteriormente, y tras aprobar la correspondiente oposición, pasé a formar parte del Cuerpo de Agregados de Bachillerato y decidí preparar la tesis de Doctorado, tesis que por cierto nunca defendí.

El tema que elegí fue la Orden de Santiago en la actual Castilla-La Mancha durante los siglos XVII Y XVIII, para lo cual dedique bastantes horas a la investigación en el Archivo Histórico Nacional (AHN) y en la Biblioteca Nacional (BN).

Iglesia parroquial de San Pedro Apóstol, de Pedro Muñoz, 1972. Fuente: todocoleccion.

Después de jubilarme seguí con la investigación y preparé algunos trabajos sobre dicho tema, que nunca he publicado; como ejemplos: el convento de Santiago de Uclés en los siglos XVII Y XVIII o, también, las encomiendas de la Orden de Santiago en el Común de la Mancha en los siglos XVII Y XVII. Y algunas otras cosas más.

En el año 2003 tuve la suerte de leer el libro de Bernabé Chaves, *Apuntamiento legal sobre el dominio solar, que por expressas reales donaciones pertenece a la Orden de Santiago en todos sus pueblos* (1740), cuya portada podemos ver en la imagen adjunta.

En esta publicación, entre otras muchas cosas, se habla de la creación del Común de la Mancha en el año 1353. A partir de dicho año volví a retomar mi investigación en el AHN, centrándome sobre todo en dicho Común, y en los periodos de reclusión forzosa debido al Covid-19 decidí redactar el presente libro, que hasta este momento no pude publicar.

Me motivó a preparar dicho trabajo el hecho que en el año 2003 se cumplían 650 años de la creación el citado Común, ya que pensé que no llegaría, por mi edad, a poder celebrar el séptimo centenario de dicha creación.

Otro motivo fue que, precisamente en el siglo XXI, se cumple el tercer centenario de los temas que describo en este trabajo.

Pido a mis posibles lectores perdonen el atrevimiento que me he permitido.

Para el presente trabajo he seleccionado la parte que se refiere a la provincia de Ciudad Real, de ahí el título del trabajo que el lector tiene en sus manos: *Cuatro iglesias de la Orden Militar de Santiago del Común de la Mancha en el siglo XVIII. Campo de Criptana, Pedro Muñoz, Socuéllamos y Tomelloso.*

EL AUTOR

APUNTAMIENTO LEGAL,

SOBRE

EL DOMINIO SOLAR, *QUE POR EXPRESSAS REALES DONACIONES* pertenece à la Orden de Santiago en todos sus Pueblos; haviendolo practicado, desde el tiempo de la Conquista de estos Reynos, *con la mas notoria utilidad, comun, y particular*; por medio de repetidas concessiones de Terminos, y Heredamientos; despachadas por los Capitulos Generales; que no huvieran podido tener efecto de modo alguno; si, faltandole à la Orden el dicho dominio solar, *pertenecießen à la Real Corona las tierras del* pró comunal, y Concegiles; llamadas en lo antiguo *Cadañeras*, y oy *Valdias*, y *Realengas*.

ESCRITO

POR DON BERNAVE DE CHAVES, FREYLE CLERIGO DE DICHA Orden, y Capellàn de Honor de su Magestad, à quien se cometiò: *que reconocieße los Papeles, è Instrumentos, que huviera en el Archivo General*; sacando copias authorizadas de *las Reales Donaciones*; y practicando lo demàs, que debia executar con los *Jueces de Valdios*, en defensa de los derechos, y *poßeßiones de la Orden*; y en cuya consequencia lo ha trabajado, con el animo, y justo deseo de evacuar la segunda parte de el referido su encargo;

Procurando *LO PRIMERO*, el desagravio de la Orden; en que se vean satisfechos aquellos Alegatos, que formados sobre leves, y poco seguros fundamentos, y presupuestos, *vienen à contener una irregular, y aun estraña impugnacion de los Derechos, y Privilegios de la Orden*; en lugar *de la demanda, y pretension regular de su Magestad*, con el concepto *de Rey, puesta à su Magestad con el concepto de Administrador perpetuo*; que fue lo cometido, y encargado à los Subdelegados por la Real Junta de Valdios; à fin de que se llevaßen à debido efecto los Reales Decretos, *expedidos por punto general, y en lo respectivo à las Ordenes*, sobre este valimiento; que se reducen el primero: *à mirar su Magestad por el interès de la Causa Publica, y su Real Erario*; y el segundo: *à ordenar la exhibicion*, ò presentacion de las Reales Donaciones; *y excepcionar con ellas lo conducente*;

Y pretendiendo *LO SEGUNDO*, (con un puntual resumen de dichas Reales Do-

na-

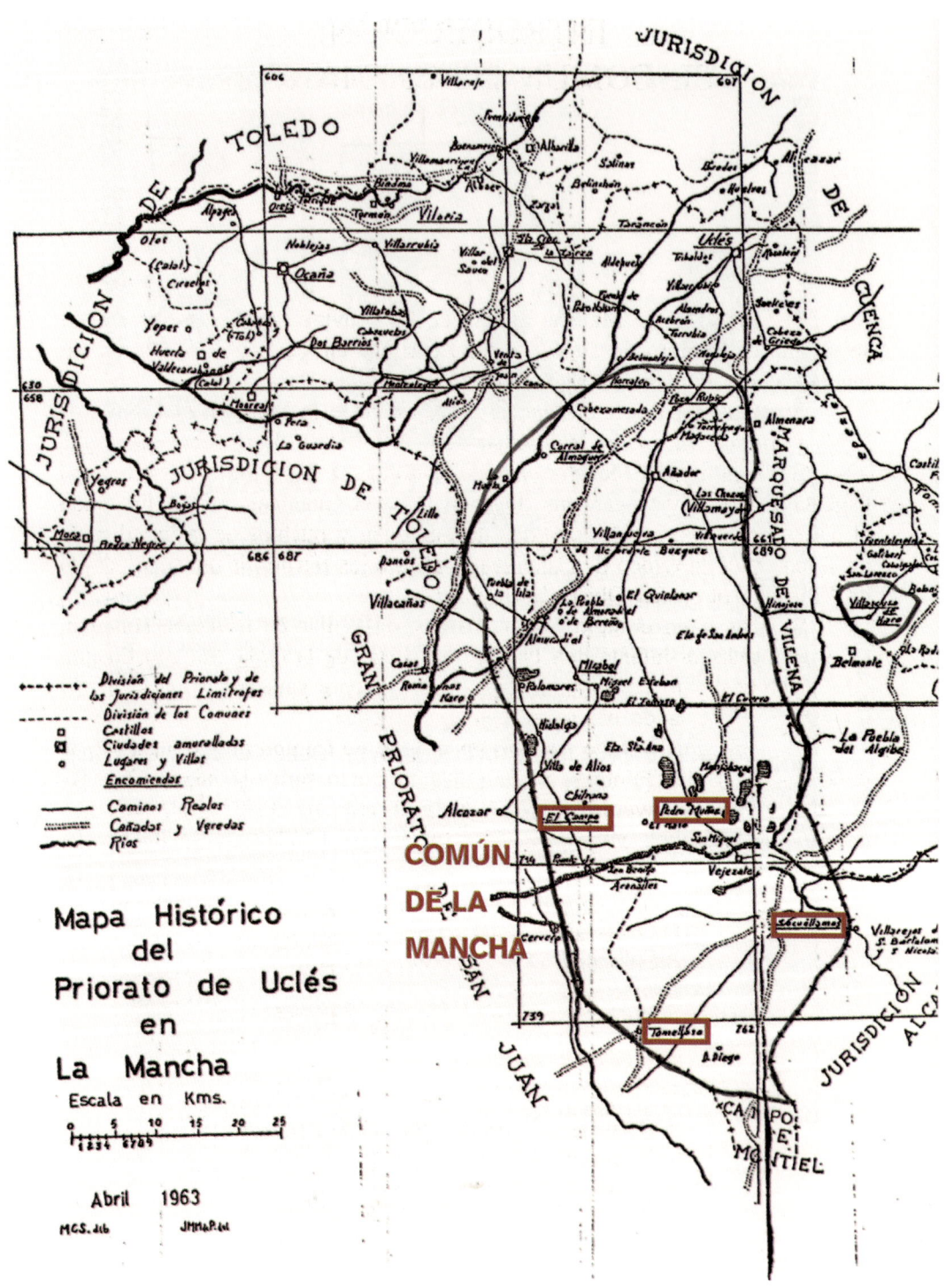

Mapa del Común de la Mancha con la situación de los cuatro pueblos que son objeto de este libro. Elaboración propia.

INTRODUCCIÓN:
EL COMÚN DE LA MANCHA

El Común de la Mancha es una de las provincias o territorios en que se dividía el Priorato de Uclés de la Orden Militar de Santiago, que se extendía del río Tajo al Guadiana.

Formaban el Priorato, además del Común de la Mancha, el Común de Uclés y los territorios de Ocaña, más conocidos como de la Ribera del Tajo.

El Común de la Mancha estaba situado al sur del Priorato entre los ríos Cigüela, al norte, y el Záncara, llegando hasta el Guadiana, al sur; limitando al oeste con territorios de la Orden de San Juan y pueblos de la jurisdicción de Toledo y de la Orden de Calatrava, y al este los territorios del Marquesado de Villena y otros del Obispado de Cuenca.

Se origina en el siglo XIV cuando varias villas de la región solicitan, en el año 1353, al infante don Fadrique, maestre de la Orden, la constitución de un ayuntamiento común con fines especialmente ganaderos y fiscales. El infante accede creando el «Común de la Mancha».

La capitalidad estuvo primero en la villa de Campo de Criptana y más tarde pasó a la de Quintanar de la Orden, estando formado además por las de: Villamayor, Villaverde, Villanueva, La Puebla de Almoradiel, Hinojoso de la Orden, Mirabel, Miguel Esteban, El Toboso, El Cuervo, La Puebla del

Reseña sobre la creación del Común de la Mancha, recogida del folio 50 de la obra de Bernabé Chaves. Fuente: https://bibliotecafloridablanca.um.es/entities/publication/1faa54fd-9856-49a6-82b7-fc0b8fcae87e

Iglesia parroquial de Nuestra Señora de la Asunción, de Tomelloso. Fuente: *Vida Manchega*, 12 de diciembre de 1912.

Aljibe, Villajos y Pedro Muñoz. Al sur solo quedaba Socuéllamos o Vejezate, que era villa de Encomienda, y Tomelloso, de posterior creación.

En los siglos XVII y XVIII el Común de la Mancha estuvo formado por las poblaciones siguientes:

Campo de Criptana	Pedro Muñoz
Tomelloso	Quintanar de la Orden
Miguel Esteban	El Toboso
Cabezamesada	La Puebla de Almoradiel
La Puebla de Don Fadrique	Mota del Cuervo
Hinojoso de la Orden	Villamayor de Santiago
Villanueva de Alcardete	Horcajo de Santiago
Pozorrubio de Santiago	

Pertenecían también al Común las villas de Socuéllamos y Corral de Almaguer, pero estas villas eran de encomienda y, por ello, no pagaban diezmos a la Mesa Maestral, ya que lo pagaban a sus encomiendas respectivas. Tampoco Horcajo de Santiago y Pozorrubio pagaban a la Mesa Maestral, pues también eran villas de encomienda.

Ya hemos dicho que el Común de la Mancha pertenecía a la Orden de Santiago, por lo que todos los habitantes de sus pueblos pagaban diezmos bien a la Mesa Maestral de su Majestad, bien a las encomiendas de la Orden. En todos los pueblos señalados, la llamada Casa Cáñama o Excusada, que era la de uno de los tres mayores cosecheros de las diferentes villas, pagaban los diezmos únicamente a su iglesia parroquial. También estas iglesias recibían lo que se denominaba «ayuda de costa» de los demás diezmeros, esto es: de la Mesa Maestral y de las encomiendas existentes en dichas poblaciones.

Mapa que publicó Chaves en su libro. (Del A. H. N.)

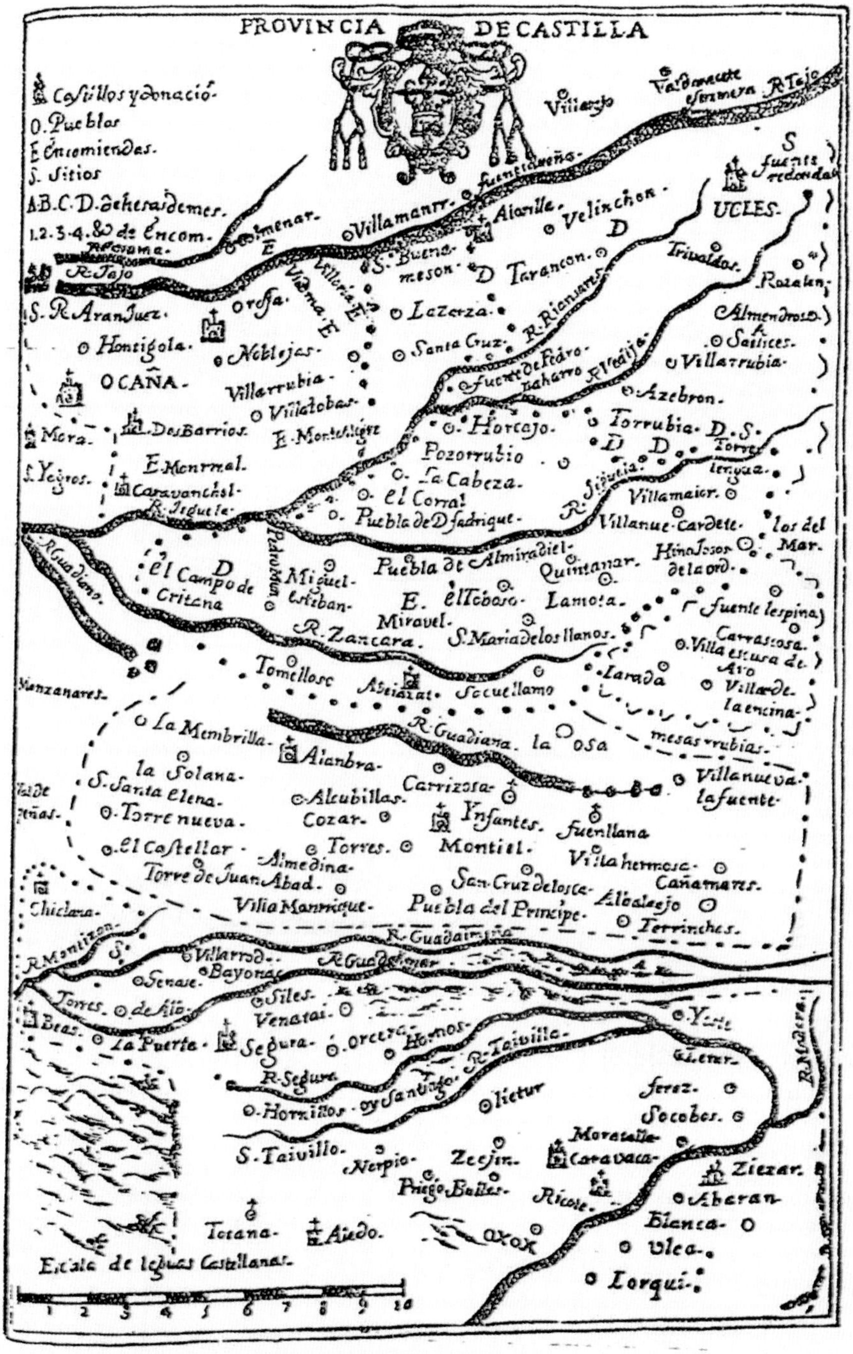

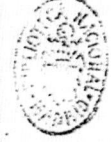

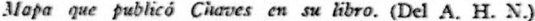

Mapa de la provincia de Castilla de la Orden de Santiago, tomado de la obra de Manuel Corchado Soriano, *El Priorato de Uclés*.

Mapa histórico del Priorato de Uclés de la Orden de Santiago, tomado de la obra de Manuel Corchado Soriano, *El Priorato de Uclés*.

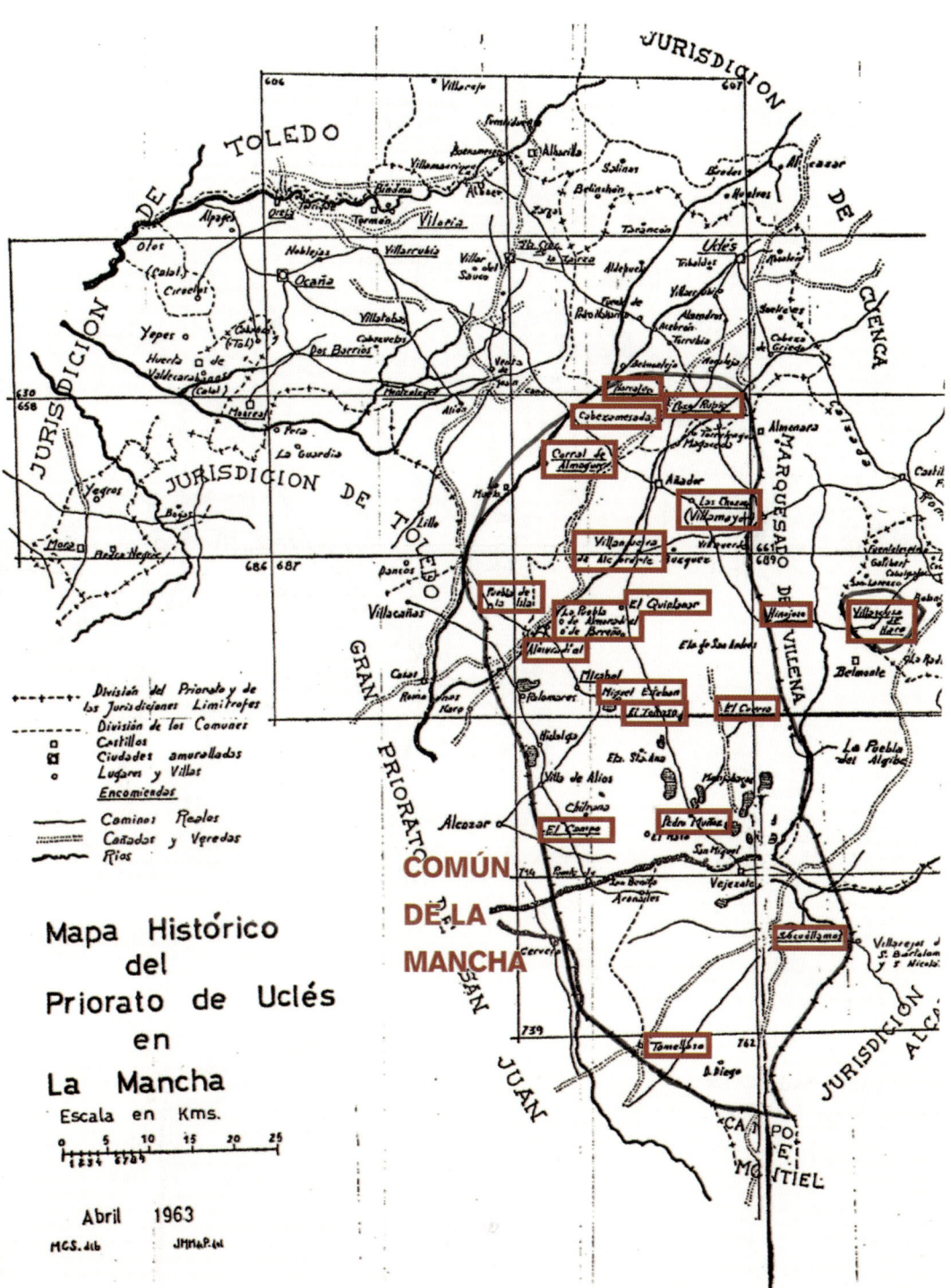

Mapa en que aparecen todos los pueblos del Común de la Mancha. Elaboración propia.

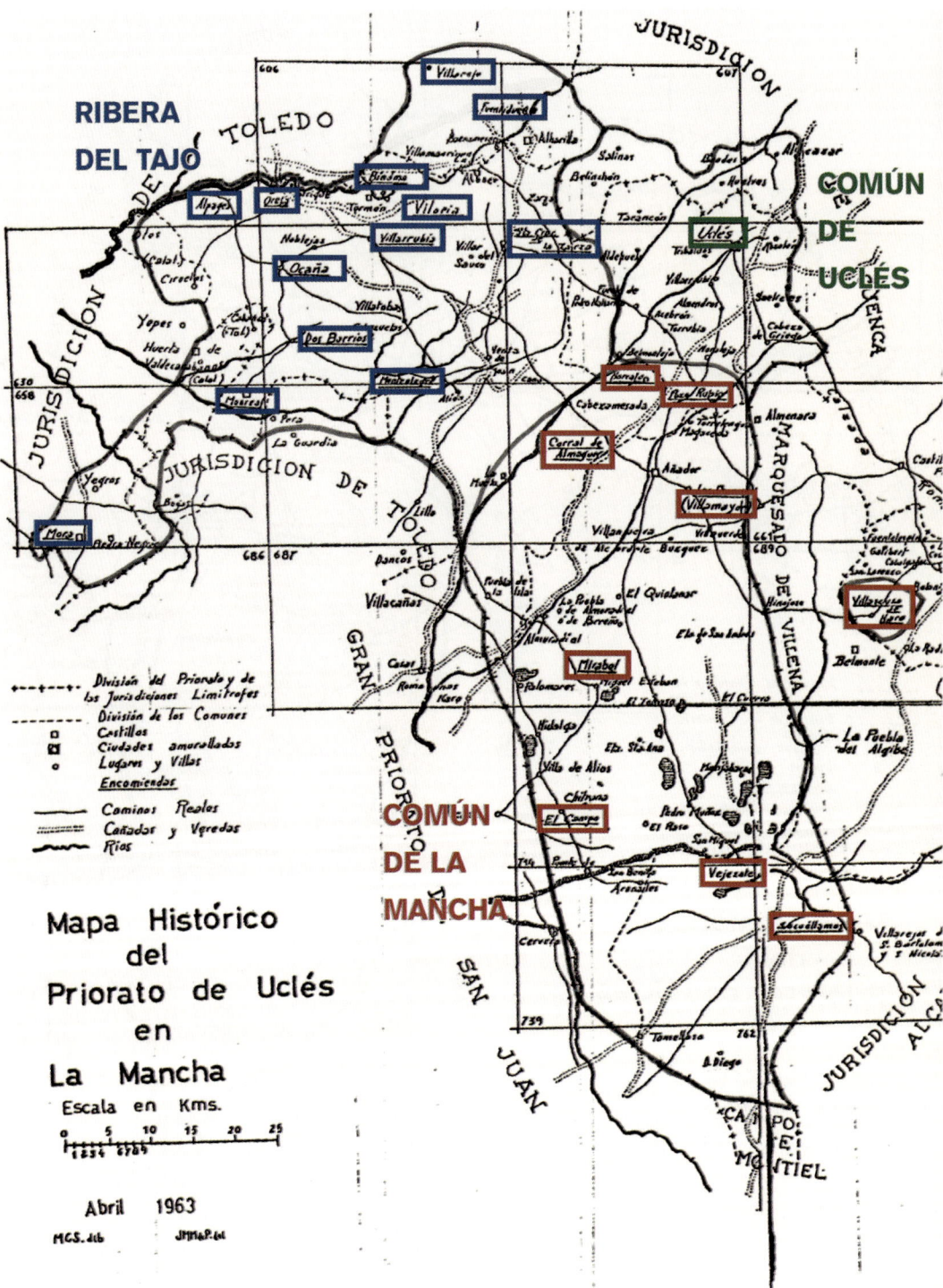

Mapa de los comunes o provincias en las que se divide el Priorato de Uclés, y en el que aparecen reseñadas las encomiendas de la Orden en dicho Priorato. Elaboración propia.

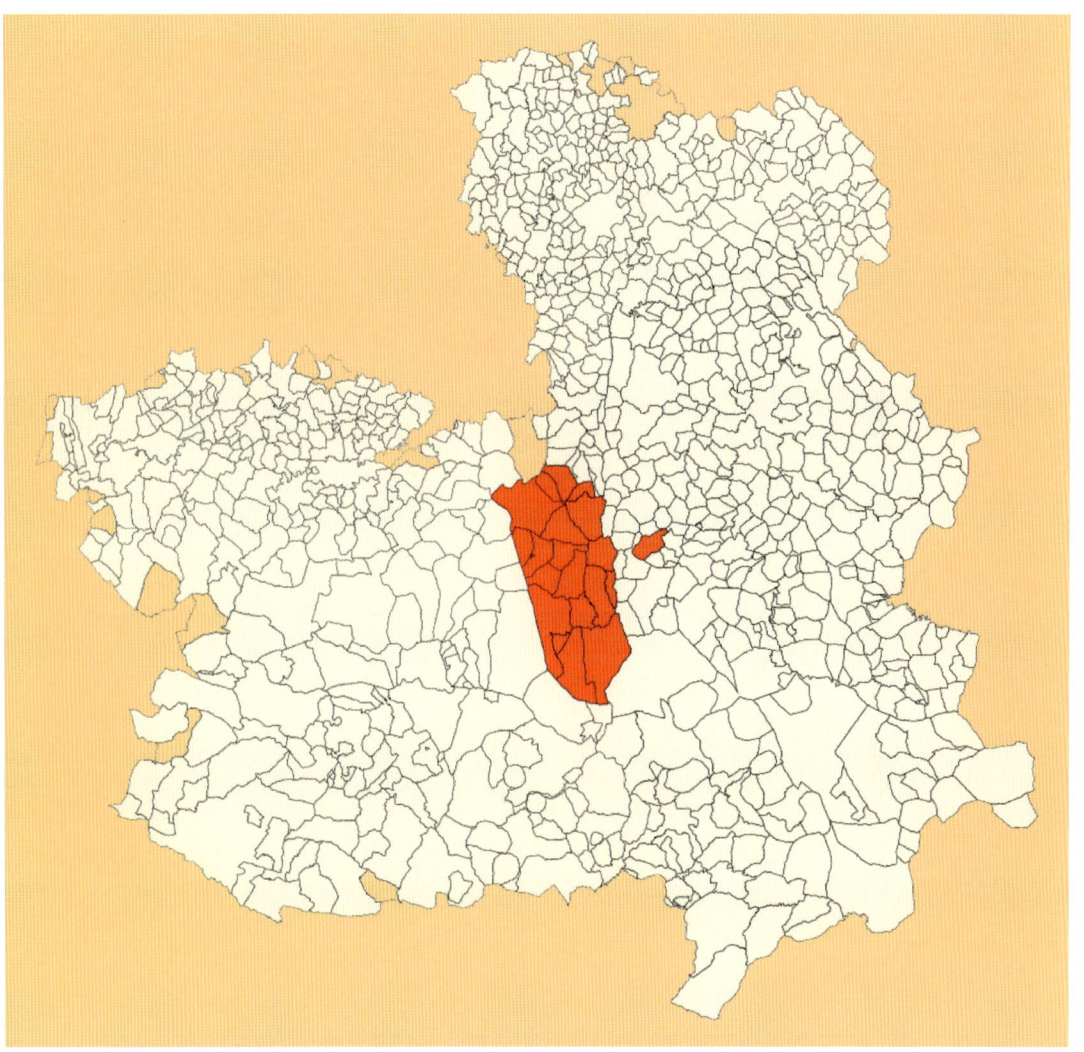

Mapa del territorio que comprendía el antiguo Común de la Mancha respecto de la actual comunidad autónoma de Castilla-La Mancha. Fuente: Wikipedia.

1
LAS IGLESIAS: GENERALIDADES

Las iglesias parroquiales de los pueblos del Común de la Mancha eran iglesias que pertenecían a la Orden Militar de Santiago y por ello sus párrocos, generalmente, eran caballeros con hábito de dicha Orden. Como ejemplo:

«Don Manuel Francisco Baíllo y Solís, de la de Campo de Criptana».
«Francisco Ramírez Baíllo, de la de Socuéllamos».
«Don Juan Carlos Villarejo, de la de Pedro Muñoz».

1.1. INGRESOS DE LAS IGLESIAS PARROQUIALES

La financiación de estas iglesias era muy variada y los ingresos procedían de diversas fuentes:

1º. Ayuda de costa al beneficio curado por parte de los perceptores de los diezmos de las poblaciones de las respectivas iglesias.
2º. Los diezmos de la Casa Cáñama o Excusada, que como queda dicho en otro lugar, solía ser la de uno de los tres mayores cosecheros de la localidad. Dicha casa solo diezmaba a la iglesia parroquial.
3º. Rentas y diezmos de los bienes propios de la iglesia.
4º. Ingresos por actividades propias de dichas iglesias.

1º. Ayuda de costa de los perceptores de los diezmos

Los perceptores de los diezmos de las villas y poblados del Común de la Mancha eran, en el siglo XVIII, los siguientes:

a) La Mesa Maestral de la Orden de Santiago que, desde la incorporación de los maestrazgos de las órdenes militares por los Reyes Católicos a la Corona, pertenecían a los reyes de España, ya que eran estos sus maestres.
b) Las encomiendas de la Orden.
c) El convento de Santiago de Uclés.

La Mesa Maestral era, sin lugar a dudas, el principal perceptor de los diezmos; todas las poblaciones del Común, así como también todas las del Priorato de Uclés eran diezmeras de la citada Mesa, salvo Socuéllamos y Corral de Almaguer que solo diezmaban a las encomiendas: Socuéllamos a la del mismo nombre, situada en dicha villa, y Corral de Almaguer a las de Monreal, Corral y Bastimentos de Castilla. Horcajo de Santiago y Pozorrubio eran también villas de encomienda y tampoco diezmaban a la citada Mesa. La villa de Santa María de los Llanos solo diezmaba al convento de Santiago de Uclés, ya que era propiedad de dicho convento.

Las encomiendas de la Orden eran los otros perceptores de los diezmos, que compartían con la Mesa Maestral, excepto en las ciadas villas en el apartado anterior.

El convento de Santiago de Uclés era otro de los grandes perceptores de los diezmos, ya que los demás perceptores tenían que pagar al convento la «décima» de lo que ellos recibían; el convento tenía también la renta y los diezmos de sus propios bienes si estos no eran gestionados directamente.

La ayuda de costa al beneficio curado variaba bastante de unas iglesias a otras, ya que estas estaban relacionadas con los ingresos de los diferentes perceptores, los cuales variaban considerablemente de unas villas a otras.

Los ya citados perceptores de los diezmos pagaban también de forma proporcional a sus ingresos los gastos extraordinarios –ornamentos, órganos, obras de reparación, etc.– que necesitaban las dichas iglesias:

> «En Campo de Criptana, consta por autos del juzgado de que en el año 1724 se pretendieron ornamentos y órgano que finalmente serían aprobados en 1730. Los ornamentos importaron 14.795 reales de los que tocaron 447,566 maravedís a la Mesa Maestral, 22.565 a la encomienda de Bastimentos y 32.899 a la de Campo de Criptana. Por lo que respecta al órgano se hizo el remate en 17.000 reales repartiéndose de la misma manera» (AHN, OOMM, Libro manuscrito 18 C, f. 231.

Este caso es a modo de ejemplo ya que lo mismo sucedía, como veremos en su momento, en el resto de las iglesias de la Orden.

El convento de Santiago de Uclés pagaba la ayuda de costa al beneficio curado de la iglesia de Santa María de los Llanos, ya que era el que recibía los diezmos de dicha villa.

2º. Los diezmos d la Casa Cáñama

Otro ingreso importante de las iglesias parroquiales eran los diezmos de la Casa Cáñama o Excusada que, como ya se ha señalado en otro lugar, solía ser la de uno de los tres mayores cosecheros de la población.

Tomelloso, parroquia de la Asunción, 1965. Fuente: CECLM.

Naturalmente los valores de estos diezmos solían variar bastante de unas localidades a otras, como tendremos ocasión de comprobar cuando estudiemos los de las diferentes poblaciones.

3. BIENES PROPIOS DE LAS IGLESIAS

Todas las iglesias de las poblaciones del Común de la Mancha tenían bienes propios, aunque la importancia de estos también variaban de unas iglesias a otras.

Consistían estos bienes generalmente en tierras de diferentes calidades para sembrar cereales, también solían tener alguna huerta o algún olivar; estas tierras se arrendaban y la iglesia percibía la renta y el diezmo de lo que producían.

Casi todas solían tener también algún censo de diferentes principales, cuyos réditos cobraban anualmente.

Algunas tenían casas y paneras para almacenar los granos que recibían de las distintas partidas al cobrar los diezmos.

4. INGRESOS POR ACTIVIDADES PROPIAS DE LA PARROQUIA

Las últimas fuentes de ingresos eran los cobros por las actividades propias de las parroquias y las limosnas que se daban a la misma. Las actividades más importantes eran:

- De rompimiento de sepulturas.
- Por la cruz que se lleva en los entierros.
- De derechos de misas testamentarias y de colecturía.
- De las campanas de las ánimas.
-De los cepillos por los bautizos.
-De limosnas por permitir a los campesinos trabajar los días de fiesta durante la recolección de agosto.
- De otras limosnas.
- De licencias a forasteros para poder vender en la villa comestibles los días de fiesta.
- De algunas otras cosas.

1.2. GASTOS DE LAS IGLESIAS PARROQUIALES

Las principales partidas de gastos que tenían la inmensa mayoría de las iglesias parroquiales eran las que relacionamos a continuación:

- Para la cera que se gasta en las celebraciones de las misas, vísperas y demás funciones que se realizan a lo largo del año.
- Para el aceite de las lámparas del Santísimo.
- Vino para las misas.
- Trigo candeal para las hostias.
- Salarios de sacristanes y monaguillos.
- Para barrer y limpiar la iglesia.
- Para lavar, cuidar y almidonar la ropa para el culto.
- Para las festividades de los titulares de las iglesias parroquiales.
- Para hacer y deshacer el monumento.
- Carbón para los braseros de las sacristías.
- Para el arrendamiento de cámaras o paneras para los granos de los diezmos en aquellas iglesias que no las tenían en propiedad.
- Para otros gastos sin especificar.

CAMPO DE CRIPTANA

Página anterior, escudo de Campo de Criptana. Fuente: Archivo Fotográfico Municipal de Campo de Criptana.

2.1. LA IGLESIA

2.1.1. Generalidades

La villa de Campo de Criptana en el siglo XVIII, como en los siglos anteriores, pertenecía al Común de la Mancha, dentro del Priorato de Uclés de la Orden Militar de Santiago.

Campo de Criptana era, por tanto, un pueblo de su Majestad, lo mismo que todos los pertenecientes a dicha Orden, ya que el Maestrazgo de la misma, desde los Reyes Católicos, lo detentaban los reyes de España.

Por esta razón todos los diezmos de granos, aceite, vino, ganados y los de todo lo que se siembra y coge en el término de la villa pertenecen a la Mesa Maestral de su Majestad, excepto lo que le corresponde a la Encomienda de esta villa y a la de Bastimentos de Castilla que los perciben sus comendadores.

El día 7 de abril de 1742 el señor don Miguel Verdes Montenegro, caballero del hábito de Santiago, del Consejo de su Majestad en el Real Consejo de las Órdenes, juez protector particular y privativo de las iglesias situadas en el territorio de dichas órdenes, ante las muchas peticiones de las referidas iglesias, envió un despacho para que los curas párrocos y los mayordomos de la fábrica y caudal de todas las iglesias parroquiales del citado territorio contestaran a una serie de cuestiones que iban especificadas en dicho escrito.

En las diligencias realizadas ante notario, para contestar al referido despacho, el día 9 de febrero de 1743, consta que la villa de Campo de Criptana tenía 980 vecinos; también consta que la iglesia tenía para su servicio 24 sacerdotes, incluido el párroco, tres ordenantes de epístola y once de menores. También constan los perceptores de los diezmos que ya hemos señalado.

La iglesia parroquial de Nuestra Señora de la Asunción, como la de los demás pueblos del Priorato de Uclés, pertenecía a la ya citada Orden de Santiago y por ello sus curas párrocos solían ser caballeros con hábito de dicha Orden.

En el referido año de 1743 el cura propio de la iglesia era don Manuel Francisco Baíllo y Solís, del hábito de Santiago, y el mayordomo de su fábrica y caudal, don Alejandro de Sepúlveda.

2.1.2. Descripción del edificio

La fábrica de la iglesia es de mampostería (cal y canto) con sillares en la esquinas y en algunos otros lugares; es de una nave de punto subido de 52 varas de larga y 13 de ancha; es de bóveda de crucería (gótico florido) y data de 1590.

La capilla mayor es de figura pentagonal y tiene, además, cuatro capillas que son colaterales con la mayor, dos a cada lado. Esta capilla mayor tiene en la bóveda unos escudos con armas de Santiago y otras pinturas.

El altar mayor tiene un retablo con cuatro órdenes de apóstoles con espacios en medio donde hay imágenes de pincel, y en medio está la imagen de Nuestra Señora de la Asunción de bulto, sobre un tabernáculo, y más arriba la imagen de Santiago a caballo, y más alto un Crucifijo con las Marías a los pies, todo de bulto, y por remate de todo está Dios Padre. Su altura es de 50 pies y 25 de ancho; el retablo es todo dorado.

Se accede al altar por once gradas de cantería de dos palmos de ancho cada una y 21 pies de largo. A lo largo de las gradas hay unos pasamanos de hierro torneado con talla a buril.

La capilla de Nuestra Señora del Rosario es la primera a mano derecha conforme se va al altar mayor; tiene 18 pies de larga y 12 de ancha, está encalada y blanqueada, y en su entrada hay un arco de cantería rematado y bien guarnecido de perfiles. Tiene un retablo casi nuevo de talla, dorado y estofado; su hechura es salomónica con estípites, capiteles y demás adornos; tiene 20 pies de alto y 13,5 de ancho.

La capilla del Santísimo Cristo de la Inspiración es inmediata a la anterior en el mismo lado. Su superficie es plana de 12 pies de ancho y 21 de largo; está encalada y pintada al fresco, con retablo mediano de talla sin estofar.

La capilla de San Miguel es de las mismas medidas que la anterior, es la primera del lado izquierdo. Esta capilla es propia del conde de las Cabezuelas, vecino de esta villa, el cual corre con su mantenimiento y reparación. Su altar tiene una pintura fina con marco dorado con dos columnas variadas a los lados; su altura es de 16 pies y su anchura de 10.

Capilla de San Miguel de la iglesia parroquial de Campo de Ciptana. Fotografía cedida por José Flores Sánchez-Alarcos.

La capilla del Apóstol Santiago está inmediata a la anterior también en el lado izquierdo y de las mismas medidas. Tiene un cuadro de cuatro varas y media de alto y dos y media de ancho con marco de pino dado de negro. Esta capilla se cuida y repara a cargo de don Juan de Castilla y Portugal, vecino de Mota del Cuervo, como su actual patrono.

A mitad del cuerpo de la iglesia hay otros dos altares, uno a la mano izquierda de sus puertas principales, en el que se veneran los gloriosos santos san Francisco y san Antonio de Padua; su retablo es estriado y muy antiguo; mide 24 pies de alto y 14 de ancho.

Enfrente, en el lado derecho, está el altar de san Pedro Apóstol con su retablo también estriado a la manera de urna para la corporal efigie de dicho santo.

A los pies de la iglesia hay una bóveda o panteón en donde se da sepultura a los sacerdotes de la parroquia; sobre esta se encuentra el coro con su sillería de pino, detrás de él hay una capilla pequeña con la pila bautismal, con puertas nuevas de pino.

La sacristía está al medio de la iglesia, mide 30 pies de largo por 15 de ancho; su fábrica es como la del resto del edificio y su techo es colgadizo con bovedillas; tiene un arco de pie a la entrada.

La torre de la iglesia es de cuatro cuerpos y tiene 120 pies de altura con arcos de cantería. Está rematada por un chapitel ochavado con división de partes y ocho bocas ventanas, y en su depósito se encuentra la campana del reloj; su altura es de 60 pies y está empizarrado y emplomado.

Tiene la iglesia cuatro puertas; la principal que da al mediodía, otra cerca de esta, la del norte y otra al poniente. Delante de la puerta principal, en el exterior, hay un atrio al que llamamos pretil con antepecho de cantería.

En la parte norte, junto a la puerta de este lado, se encuentra el osario para depositar los huesos de los difuntos enterrados en la iglesia.

La iglesia cuenta con un órgano nuevo con caja de talla de madera de pino.

2.1.3. Reparaciones que necesita la iglesia

De acuerdo con el peritaje de Juan Vela Campos, maestro alarife, y con el de Marcos Campos, maestro de cantería, ambos vecinos de la villa, y presentes como técnicos en las diligencias que estamos estudiando, la iglesia necesita las reparaciones siguientes:

- Arreglar el piso que está muy deteriorado; si se hace con tierra, entre traerla, apisonarla y jornales importaría 2.000 reales, y si se embaldosase, que sería lo normal, se necesitarían 10.226 baldosas que valen 2.562 reales y18 maravedís, considerando a 8 maravedís casa una, traerlas hasta la villa 800 reales y de ponerlas 1.150, lo que supondría un total de 4.518 reales y 18 maravedís.

- Es necesario marcar las sepulturas para lo que se necesitan: para el trabajo de carpintería 1.150 reales, 500 fanegas de yeso que valen 700 reales, y para el gasto del maestro y oficiales otros 1.500 reales; todo ello hace un total de 3.000 reales.
- Para limpiar el altar mayor y su retablo se necesitan 500 reales.
- Para blanquear la capilla de Nuestra Señora del Rosario, 200 reales.
- Para limpiar las paredes del arco cóncavo, 300 reales.
- Para la sacristía, 200 reales.
- Para revocar las murallas por su parte exterior, 200 reales.
- Para arreglar las escaleras de la torre y sus holladeros se necesitan 500 reales.
- En la torre, en uno de los ángulos del primer cuerpo, es necesario sacar cinco sillares de buena piedra y volver a ponerlos, y también una pieza de la cornisa en el ángulo de septentrión; todo ello importaría 1.500 reales.
- Para arreglar una quiebra que hay en el cuerpo de campanas, poner los andamios y otras cosas, serían necesarios 10.000 reales.
- Para reparar el chapitel de dicha torre, 500 reales.
- Para coger con cal los tejados de la sacristía y capillas, 300 reales.
- Para arreglar el osario, 500 reales.
- Tres bolas para el pretil, 200 reales.

Estas serían, pues, las obras que son necesarias hacer en la iglesia parroquial según los dos expertos citados con anterioridad.

2.1.4. Alhajas de plata, ornamentos, etc.

ALHAJAS DE PLATA

Según el mayordomo de la fábrica y caudal de la parroquia el inventario de alhajas de la misma era:

- Una lámpara para el altar mayor de 26 libras y 12 onzas.
- Lámpara en la capilla del comulgatorio de 6 libras y 4 onzas.
- Cruz llamada de «Gracia» de 11 libras y 4 onzas.
- Cruz parroquial de 9 libras.
- Dos incensarios, entre los dos, 84 onzas.
- Una naveta con su cucharilla de 23 onzas.
- Dos cetros, entre ambos, 5 libras y 1,5 onzas
- Cruz de media vara con remates, pies y basa a modo de cáliz, y en medio un círculo de oro donde están las reliquias, de 2 libras y 2 onzas.
- Otra cruz de 14,5 onzas.
- Cruz cincelada de un palmo y cuatro dedos afiligranada con venas doradas para el altar mayor de 1 libra y 6 onzas.

- Cruz con remates y basa, y en medio embutida una cruz de cristales con un «Lígnum Crucis» de 1 libra y 10 onzas.
- Custodia sobredorada, su hechura es en forma de sol con rayos y en ellos estrellas con piedras blancas de Francia y a trechos hábitos de Santiago, y en su circunferencia y pie esmaltes de porcelana azul, y en medio de él, barandillas o corredores de filigrana, de 28 libras.
- Viril sobredorado para dicha custodia de 1 libra y 10 onzas.
- Un pie para el viril sobredorado con esmaltes de piedras de 11 onzas.
- Concha para bautizar de 4 onzas.
- Crismeras pequeñas de 10 onzas.
- Ampolla para la extremaunción de 7 onzas.
- Para hacer unas vinajeras, plata en bruto, 20 onzas.
- Dos copones, entre ambos, 4 libras y 14 onzas.
- Dos cajas para el viático, entre las dos, 11 onzas.
- Cáliz con piedras esmaltadas de 3 libras y 2 onzas.
- Cinco cálices con sus patenas, entre todos, 9 libras y 14 onzas.
- Cáliz de bronce de 11 onzas.

ORNAMENTOS LITÚRGICOS Y OTRAS POSESIONES

La iglesia parroquial posee para los diferentes tiempos litúrgicos todo tipo de ornamentos de seda y de lana como casullas, dalmáticas, capas pluviales, etc., y de diferentes colores: verdes, morados, rojos, blancos y negros.

Tiene también todo tipo de prendas de ropa blanca: roquetes, albas, amitos, sabanillas para los altares, etc.

Asimismo posee libros: misales, breviarios, devocionarios y otros de otros tipos.

Posee también distintos tipos de muebles como cajoneras y armarios para la sacristía, confesionarios, facistoles, sillerías, bancos y otros.

2.2. INGRESOS Y GASTOS

2.2.1. Ingresos

La financiación de la iglesia era muy variada y los ingresos procedían de diversas fuentes, eran estas:

1º. La ayuda de costa al beneficio curado de los perceptores de los diezmos de la villa.
2º. Los diezmos de la Casa Cáñama o Excusada.
3º. Rentas y diezmos de los bienes propios.

4°. Ingresos por actividades propias de la parroquia.

5°. Otras ayudas.

2.2.1.1. Ayuda de costa de los perceptores de los diezmos

Ya hemos indicado que los perceptores de los diezmos de la villa de Campo de Criptana eran:

- La Mesa Maestral de su Majestad
- La encomienda de Campo de Criptana
- La encomienda de Bastimentos de Castilla

1°. La Mesa Maestral de su Majestad

En las diligencias que estamos comentando consta que el principal perceptor de los diezmos de la villa era la citada Mesa Maestral del partido de Quintanar, y dado que el Maestrazgo de la Orden pertenecía a la Corona, en el año que estudiamos de 1742 pertenecía al rey Felipe V.

El perceptor físico de esos diezmos fue don Pablo de Quirós Marcilla, contador de la Mesa en el referido partido de Quintanar; y fueron estos:

2.330 fanegas de trigo.
2.350 fanegas de cebada.
425 fanegas de centeno.
195 fanegas de avena.

La ayuda de costa para la iglesia fue de 1.332 reales y 23 maravedís

2°. La encomienda de Campo de Criptana

El segundo perceptor de los diezmos era la encomienda de Campo de Criptana; era esta una encomienda de la Orden de Santiago creada a finales del siglo XV o primeros años del XVI, ya incorporado el Maestrazgo de la misma a la Corona durante el reinado de los Reyes Católicos.

En una relación de los ingresos de las encomiendas que se hizo en el año 1652, la encomienda de Criptana tuvo unos ingresos de 400.000 maravedís (AHN, OOMM, libro manuscrito 1.340 C, folios 346-383).

En el momento que estudiamos su comendador era don Juan de Urbina, caballero del hábito de Santiago y brigadier de los Guardias de Infantería Española; el administrador de la misma era don José Martín de Sepúlveda,

Los diezmos del año 1742 fueron:

50 fanegas de trigo.
300 fanegas de cebada.
500 reales de minucias (menudos).
72 reales de cerdos.
113 reales de huertas.
1.650 reales del principal ganadero lanar.

La ayuda de costa al beneficio curado fue de 108 reales y 33 maravedís.

3º. LA ENCOMIENDA DE BASTIMENTOS

El tercer perceptor de los diezmos de la villa era la encomienda de Bastimentos; esta encomienda tenía las primicias del trigo, cebada y centeno de la villa; consistían estas en pagar media fanega colmada (7 celemines) de las tres especies siempre que el agricultor llegase a coger 12 fanegas o más de cada una de dichas especies.

En la relación de ingresos de las encomiendas que se hizo el año 1652, figura esta con 1.000.000 de maravedís.

En el año 1742 su comendador era don Pedro de la Cruz y Mayor, caballero del hábito de Santiago y teniente general de los Reales Ejércitos de su Majestad; su administrador era don Antonio de Palacios, vecino de Mota del Cuervo, y sus ingresos fueron:

110 fanegas de trigo.
70 fanegas de cebada.
46 fanegas de centeno.

La ayuda de costa fue de 58 reales y 12 maravedís.

En total en el citado año de 1742 la ayuda de costa al beneficio curado fue de 1.500 reales.

2.2.1.2. Diezmos de la Casa Cáñama

El ingreso más importante de la iglesia parroquial lo constituían los diezmos de la Casa Cáñama o Excusada. Esta casa solo diezmaba a la iglesia, como ya hemos apuntado en otro lugar.

Estos diezmos en el año 1742 fueron:

73 fanegas y 5 celemines de trigo que, vendidas a 18 reales la fanega, importaron 1.321 reales y 7 maravedís.
101 fanega y 10 celemines de cebada, vendidas a 10 reales cada una, importaron 1.018 reales.

15 fanegas y 11 celemines de centeno, a 11 reales cada una, dieron 170 reales.

31 arrobas de vino que, vendidas a 4 reales cada una, supusieron 124 reales.

22 arrobas de aceite, a 20 reales cada una, importaron 440 reales.

Y de ganados, 695 reales y 16 maravedís.

En conjunto por este concepto recibió la parroquia 3.768 reales y 23 maravedís.

2.2.1.3. Rentas y diezmos de los bienes propios

En las diligencias que estamos estudiando consta que la iglesia tenía las propiedades siguientes:

TIERRAS

Tiene la iglesia parroquial 28 fanegas de sembradura para cebada y 14 fanegas y 6 celemines para trigo, repartidas en diferentes suertes por los siguientes parajes:

- En los Parrales.
- En el camino de la Puente.
- En el de Alcázar.
- Junto a la ermita de la Concepción.
- En el camino de Socuéllamos.
- En el Berenguel.
- Donde dicen «Atocha Llana».
- En el camino de Posadas.
- En la cañada del Cohombral.
- En el pico del Charro.
- En el camino de la Mota.
- En el arroyo de los Centenos.

Estas tierras rentaron en el año que estamos estudiando:

- Las de cebada, 7 fanegas y 11 celemines, y de diezmo 19 fanegas, que hacen un total de 26 fanegas y 11 celemines, y vendidas a los precios de referencia importaron 225 reales.
- Las de trigo, 13 fanegas y 6 celemines, y de diezmo, 9 fanegas y 6 celemines que suman 22 fanegas; además hay que añadir 3 fanegas que recibe la iglesia de don Juan de Castilla poseedor de la memoria que fundó María Jesús Pardo; en total suman 25 fanegas que vendidas importaron 420 reales.

Censos

Tiene una escritura de censo impuesto a favor de la dicha iglesia de 21.000 maravedís de principal contra Joseph Sanz Pintado que paga anualmente de su rédito Isabel Sanz Quiñones 18 reales y 18 maravedís.

Tiene otra escritura de 1.848 reales y 18 maravedís contra Julia Sánchez Moreno, vecina de esta villa, que paga de rédito 55 reales y 18 maravedís.

En total de sus rentas de bienes propios percibe la iglesia parroquial 799 reales y 2 maravedís.

2.2.1.4. Ingresos por actividades propias de la parroquia

En las diligencias consta que por este concepto tuvo la iglesia parroquial los siguientes ingresos:

- De rompimiento de sepulturas, 302 reales.
- De cepillos de bautizos, 72 reales.
- De licencias a forasteros para vender comestibles los días de fiesta, 90 reales.
- De derechos de misas testamentarias y de colecturía, 257 reales.
- De la cofradía de Gracia por asistir con su cruz a algunos entierros, 50 reales.

Todos estos ingresos hacen un total de 771 reales.

2.2.1.5. Otras ayudas

Los perceptores de los diezmos de la villa también pagaban de forma proporcional a sus ingresos los gastos extraordinarios (obras, ornamentos, órgano, etc.) que necesitaba la parroquia. En el Archivo Histórico Nacional, en el libro manuscrito 18 C de la Órdenes Militares, en los folios que tratan de la iglesia de Campo de Criptana hay una nota que dice textualmente:

«Consta por autos del juzgado que en el año 1724 se pretendieron ornamentos y un órgano que finalmente serían aprobados en 1730.

Los ornamentos importaron 14.795 reales de vellón prorrateándose entre la Mesa Maestral a quien tocaron 447.566 maravedís, a la encomienda de Bastimentos 22.555 y a la del Campo 32.899.

Por lo referente al órgano se hizo el remate en 17.000 reales prorrateándose 15.478 en la ya expresada forma; y esta obra quedo aprobada en 1730...».

2.2.2. Gastos

Los gastos anuales de la iglesia parroquial, según quedan reflejados en las diligencias que estudiamos, fueron:

- Cera que se gasta en las misas, vísperas y otras funciones, 150 reales.
- Aceite para la lámpara del Santísimo, 160 reales.
- Vino para las misas, 45 arrobas, a 4 reales cada una, 180 reales.
- Para hostias, 8 fanegas de trigo, a 18 reales cada una, 144 reales.
- Para el sacerdote que nombra la villa para conjurar las nubes, 176 reales.
- Para las misas de la cofradía de Gracia, 122 reales.
- Salario para el sacristán mayor, 638 reales.
- Para el barrendero de la iglesia y relojero, y entonar el órgano, a José Pedro, 250 reales.
- Para los monaguillos, 198 reales.
- Lavar y almidonar la ropa, 364 reales.
- Para la festividad de la Asunción, 178 reales.
- Para la festividad de las Once Mil Vírgenes, 88 reales.
- Para las cédulas del precepto anual, 143 reales.
- Otros gastos (sogas, cántaros, vasos, etc.), 44 reales.
- Traer los santos óleos de Uclés, 26 reales.
- De arrendamiento de panera para los granos de la parroquia, 70 reales.
- Carbón para el brasero de la sacristía, 45 reales.
- Despacho de la licencia que concede el prior de Uclés para trabajar los días de fiesta durante el tiempo de la siega, 8 reales.
- Para hacer y deshacer el monumento, 76 reales.

Todas estas partidas hacen un total de 4.288 reales.

RESUMEN DE INGRESOS Y GASTOS

INGRESOS	
Ayuda de costa	1.500 reales
Casa Cáñama	3.768 reales y 23 maravedís
Rentas propias	799 reales y 2 maravedís
Actividades propias	771 reales y 33 maravedís
Total ingresos	6.838 reales y 33 maravedís
GASTOS	
Total gastos	4.288 reales

ANEXO. LA ENCOMIENDA DE CAMPO DE CRIPTANA

Está situada esta encomienda en la villa de su nombre, donde el comendador tiene casas principales y en su término diferentes tierras que llaman «sernas», y otras en Pedro Muñoz, Quintanar y Villajos. En el momento de la descripción Villajos es un despoblado perteneciente a Campo de Criptana y allí se encuentra la ermita del patrón de la villa, el Santísimo Cristo de Villajos.

Esta encomienda fue fundada durante el reinado de los Reyes Católicos.

1. DESCRIPCIÓN DE LA ENCOMIENDA

Hay varias descripciones del siglo XVIII y anteriores, la que voy a seguir fue hecha en el año 1713 por testimonio de Gerónimo Claudio Perucho, escribano de esta villa, siendo su comendador don Juan de Urbina, caballero profeso de la Orden y teniente del Regimiento de Guardias de Infantería Española. Fueron testigos: Francisco Arias Muñoz, Juan Perucho, José García Alarcos y Manuel Campos.

Según esta descripción las propiedades y derechos de la encomienda eran:

1.1. Bienes inmuebles

Tiene la encomienda unas casas de morada junto a la carnicería y el pósito que, en el momento de la

Fachada sur con la torre de la iglesia de Nuestra Señora de la Asunción de Campo de Criptana. Fotografía cedida por Carmelo Díaz-Ropero.

descripción, necesitan repararse por ser muy antiguas. Lindan por la parte del mediodía con la heredad del comisario don Martín de Quirós Ramírez, difunto, y por el del norte con otras de Gerónimo Claudio Perucho, presente escribano.

Izquierda, portada principal de la iglesia de Nuestra Señora de la Asunción de Campo de Criptana. Podemos apreciar que es de estilo barroco y en la parte superior se encuentra la imagen de la titular de dicha iglesia. Abajo, parte posterior con el ábside de la iglesia de Nuestra Señora de la Asunción de Campo de Criptana. Fotografías cedidas por Carmelo Díaz-Ropero.

Retablo del altar mayor de la iglesia de Nuestra Señora de la Asunción de Campo de Criptana. Fotografía cedida por Carmelo Díaz-Ropero.

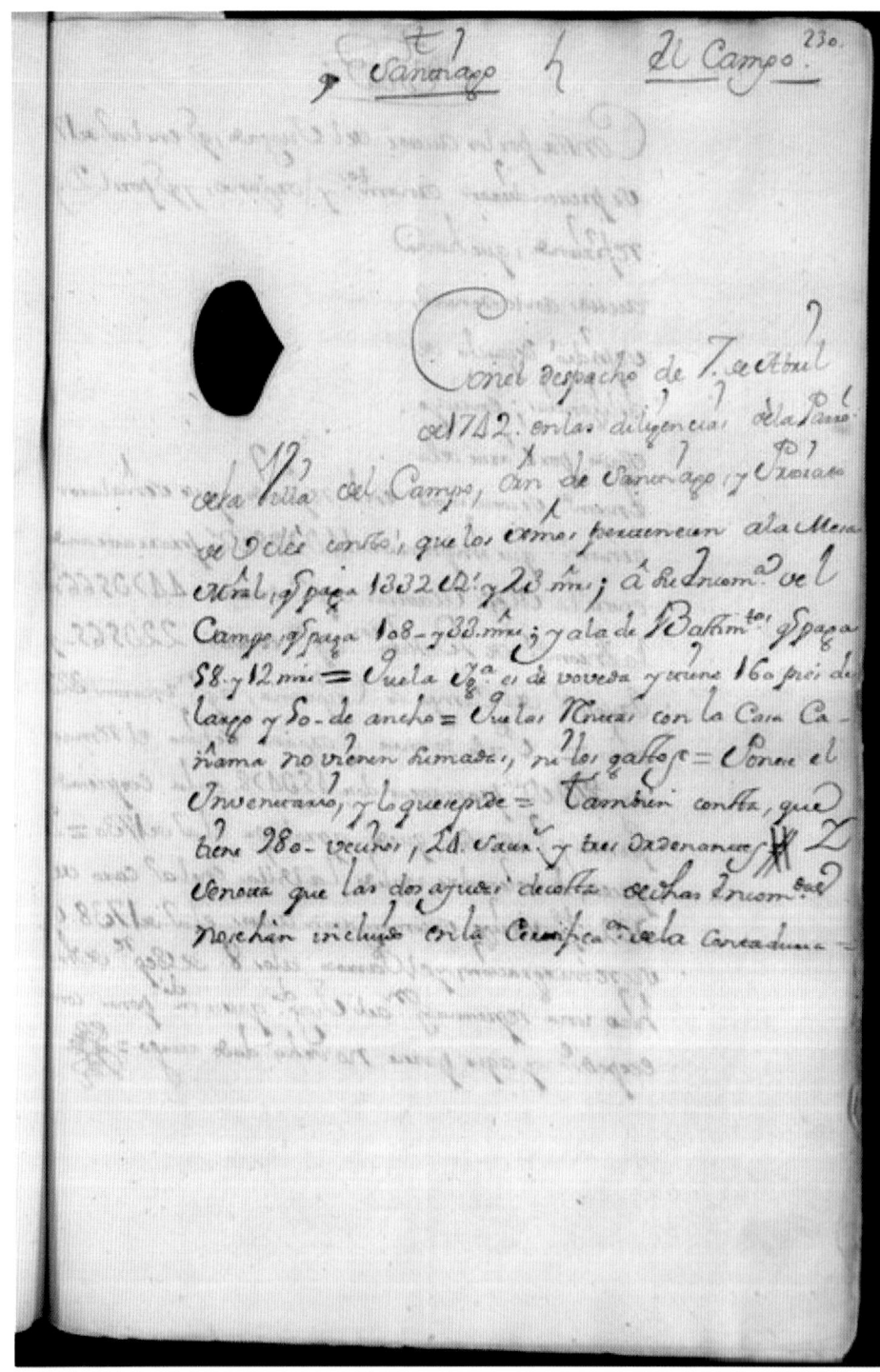

Documento referente a la villa de Campo de Criptana. Fuente: AHN, OOMM, libro manuscrito 18 C, folio 230.

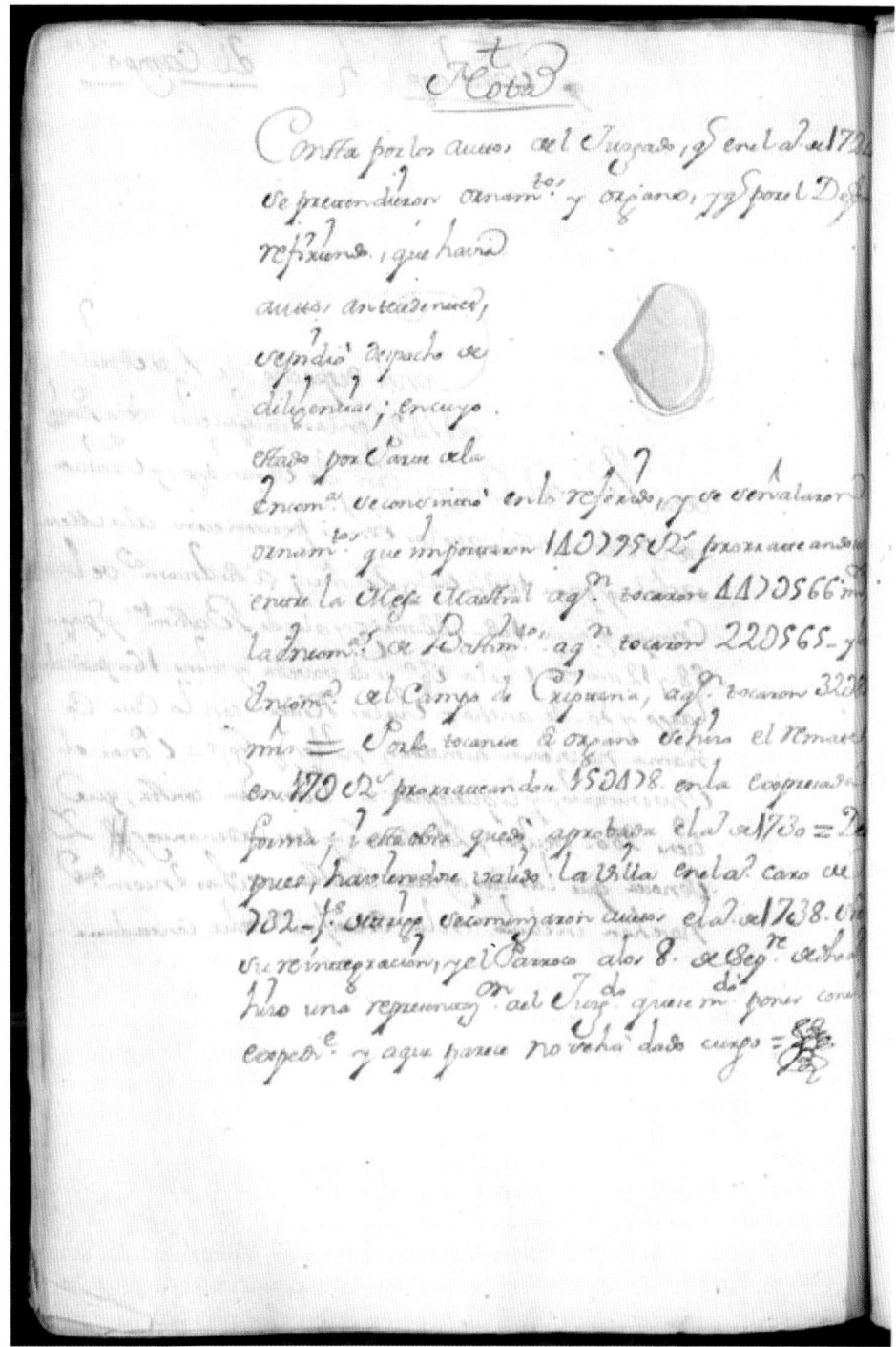

Parte posterior del documento anterior, esto es, folio 230v del citado manuscrito.

A dichas casas se le ha añadido un huerto accesorio cercado de tapias con su pozo empedrado, coge dicho huerto dos celemines de cebada poco más o menos, y linda con Cristóbal López, Juan Sánchez y herederos de Lázaro Quirós. Esta huerta se agregó cuando gozó de la encomienda la excelentísima señora condesa de Chinchón.

En una visita llevada a cabo por los visitadores generales en el año 1604, recogida en el libro de visitas 6 C, de las Órdenes Militares, del Archivo Histórico Nacional, se describe así dicha casa:

> «La encomienda tiene en la villa una casa que está cerca de la plaza y de la iglesia. Delante de la puerta tiene una calle y parte de la plaza.
>
> Es de tapiería y tiene una reja grande y otra pequeña de hierro.
>
> Tiene un buen zaguán y patio y dos corredores, uno al mediodía y otro al poniente sobre columnas de piedra, están enmaderados de buena madera de cuartones y ripias en medio de ellos. Tiene tres cuartos, dos buenos donde están los corredores y en ellos hay por lo bajo seis piezas buenas para dormir y estar en ellas; hay también cocina y chimenea. Por lo alto tiene otras tantas piezas, y la que cae sobre el dicho zaguán está toda enmaderada de buenos cuartones y lo mismo los corredores.
>
> Tiene una bodega y una buena caballeriza y encima muy buenas paneras.
>
> Y en el otro cuarto que sale al patio, asimismo sirve para panera. Tiene buenos corrales, pozo y horno».

1.2. Tierras

Tiene la encomienda en el término de la villa varias «sernas» de diferentes capacidades:

Una junto a los muros del pueblo, dividida en varios pedazos y suertes, y junto a una era llamada la «Era Vieja»; linda con el camino de Posadas, el prado al que llaman «Castañar», y otro de Manzanares y el camino que va a Alcázar. Tiene una capacidad de 550 fanegas de cebada de sembradura.

Otra, bajo la «Huerta de Criptana», de 15 fanegas de cebada para sembrar; está arrendada en 400 reales al año.

Otra, al mediodía del cerro de Nuestra Señora de Criptana, que da la vuelta al dicho cerro, de 13 fanegas para trigo.

Otra, junto al pozo de las Olivas, junto al cerro del «Atalayuela», de 8 fanegas para trigo.

Otra, junto a la laguna que se conoce como «El Villar», de 25 fanegas también para trigo. En esta y en la anterior, con conocimiento de la encomienda, se han plantado por algunos vecinos diferentes pedazos de olivas y viñas; esto ha mejorado el rendimiento de las tierras ya que eran malas para trigo. Pagan el diezmo de aceite y vino.

Otra, en la vega de Villajos, de 200 fanegas para trigo.

Tiene una fanega de sembradura junto al «serna» principal ya descrita al principio y doce alcaceles de 24 fanegas de cebada, divididos en 23 pedazos.

Tiene también la encomienda una huerta para hortalizas de una fanega y media, con un pozo y noria corriente, dicha huerta se conoce como «La Huerta Criptana»; tiene un cuarto edificado que se hizo cuando la encomienda perteneció a la condesa viuda de Chinchón.

Por lo que acabamos de ver en la relación que estamos comentando, la encomienda tenía, en el año de referencia, 824 fanegas de tierra de sembradura para trigo y cebada. A estas hay que añadir otras 150 fanegas que tenía en la villa de Pedro Muñoz, como veremos más adelante-

1.3. Rentas y derechos jurisdiccionales

La encomienda tiene la preeminencia de que de dos personas que propone el Ayuntamiento de la villa para que ejerza el oficio de aguacil mayor de ella, el comendador elige a una de ellas para el cargo; y así se practica y ha practicado.

Percibe las penas y calumnias; con la advertencia de que las dichas penas y calumnias de sangre por cada herida que se da en la cabeza, la encomienda percibe del agresor seis reales, y siendo del cuello para abajo, tres reales. Percibe también la tercera parte de lo que importasen las condenaciones de las penas de corte de leña que se hacen en el Monte Viejo de esta villa, aplicadas por el Concejo de ella.

De cada venado, puerco y corzo del monte que se traiga a vender a la villa es derecho del comendador tomar un arrelde de carne.

También percibe el comendador los bienes mostrencos de la villa.

1.4. Portazgos, diezmos, juros, etc.

Tiene la encomienda el portazgo de la villa y travesía de ella y también la travesía de Villajos las cuales se arriendan y el arrendador cobra los diezmos de pollos, cerdos, huertas de hortalizas y las primicias del queso; en el día de hoy está arrendado en 500 reales.

Percibe la renta de diezmo redondo de todas las sernas y huertas que se pagan en dicha encomienda, y las primicias, pero estas solo se pagan si el cosechero coge más en tierras de la encomienda que en las suyas propias o de la Mesa Maestra; no las paga en el caso contrario.

Tiene también el diezmo de todas las hortalizas de las huertas de la villa, y también el de toda la teja, barro y ladrillo que se fabrican en ella.

Tiene un hierro de un diezmero, que es el que el comendador elige, siendo este el primero y mejor de la villa, percibiendo el diezmo de todo el ganado que tiene y cría dicho vecino.

Tiene un censo de medio real de renta anual sobre las casas que llaman de «Las Beatas». Y otro impuesto sobre los hornos del Concejo de 1.200 maravedís por cada año, el cual se cobra del Concejo de la villa. Dichos censos están al corriente.

En la villa de Pedro Muñoz tiene la encomienda dos «sernas» en el camino de Manjavacas con una capacidad de 150 fanegas de tierra de trigo de sembradura. Una la que llaman de Manjavacas solo tiene hoy 28 fanegas para siembra que pagan 8 fanegas de trigo y otras 8 de cebada y el diezmo redondo; y la otra la del Retamar la cual se inunda con las aguas haciéndose laguna; lo que se puede sembrar y siembra es muy poco, se cobra el diezmo y la renta.

En dicha villa tiene también el diezmo de pollos, palominos, lechones, teja, barro y ladrillos.

Finalmente en la villa de Quintanar de la Orden tiene una serna pequeña cerca del molino que llaman de Garay, junto al río Cigüela; percibe la encomienda el diezmo del pan que en ella se coge. También tiene el molino citado que está en ruina total, manteniéndose solamente los cimientos.

2. VALORES DE LAS RENTAS DE LA ENCOMIENDA

Los valores de las rentas de la encomienda de Campo de Criptana en los siglos XVII y XVIII fueron:

AÑOS	TRIGO	CEBADA	MARAVEDÍS
1603	300	700	141.640
1652	Todo el valor en numerario		400.000
1660	Valor en ducados 1.400 que equivalen a		525.000
1716	330	760	65.510
1717	310	690	66.230
1718	270	360	48.360
1755	690	1.110	
1756	400	710	

Nota 1. Los granos van expresados en fanegas.

Nota 2. En los años 1652 y 1660 los valores aparecen expresados en metálico, quiere esto decir que los frutos ya se habían vendido cuando se tomaron las cuentas.

Nota 3. Podemos apreciar que en los años 1755 y 1756 no aparecen reflejadas las partidas en maravedís; esto es debido a que en esos años, en las cuentas del convento de Santiago de Uclés, que es de donde he sacado los datos, las cuentas de maravedís aparecen englobadas junto a las de las demás encomiendas del Común de la Mancha.

3. OBLIGACIONES Y CARGAS DE LAS ENCOMIENDAS

Las obligaciones y cargas de las encomiendas eran muchas y variadas; como ejemplo detallamos las correspondientes al año 1652, reflejadas en el Libro de Visitas 1.340 C, del Archivo Histórico Nacional, Órdenes Militares.

OBLIGACIONES Y CARGAS	MARAVEDÍS
1º. Décima al convento de Uclés	40.000
2º. Otras cargas:	
- De subsidio	15.610
- De excusado	11.080
- De presidios y soldados por una lanza	8.976
- Para el batallón de las órdenes la mitad	4.488
- Del premio de la cuarta parte en plata de estas partidas de acuerdo al 20%	1. 334
- De limosna por una lanza que tiene	500
- Del repartimiento eclesiástico	5.766
- Al cura de Pedro Muñoz	2.928
- Al cura de Miguel Esteban	1.800
TOTAL DE OBLIGACIONES Y CARGAS	92.482

Dado que el valor de las rentas de dicho año fue de 400.000 maravedís, si les restamos los 92.482, quedan para la encomienda 307.518 maravedís.

4. LOS COMENDADORES

Los comendadores que detentaron la encomienda durante los siglos XVII y XVIII fueron:

SIGLO XVII

Don Diego de Espinosa. Aposentador mayor de Felipe II y señor del mayorazgo de Espinosa de Martín Muñoz; fue comendador desde 1582 hasta junio de 1605, año en que murió.

Don Diego de Espinosa. Hijo del anterior, señor del mayorazgo de su casa de Martín Muñoz; fue comendador por merced de Felipe III, la gozó hasta junio de 1632.

Don Luis Gerónimo Fernández de Cabrera y Bobadilla de la Cerda. Cuarto conde de Chichón, virrey y capitán general del Perú, del Consejo de Estado de Felipe IV, gozó la encomienda por merced de su Majestad hasta 1647.

Don Francisco Fausto Fernández de Cabrera Bobadilla de la Cueva y Mendoza. Quinto conde de Chinchón y primer marqués de San Martín de la Vega, sucedió a su padre en la encomienda.

Doña Juana Francisca de Córdoba y Velasco. Condesa viuda de Chinchón, tiene el goce de los frutos de la encomienda, porque cuando Felipe IV le hizo merced de ella a su marido puso la condición,que, si ella le sobreviviese, gozase de la misma. Fueron administradores, primero don Francisco de Orozco, marqués de Olías, y luego don Luis de Oviedo, caballero de la Orden.

Siglo XVIII

Don Diego Asensio de Vicuña. Este fue comendador también los últimos años del siglo XVII.

Don Bartolomé de Urbina. Caballero de la Orden.

Don Juan de Urbina. Teniente en el Regimiento de Guardias de la Infantería Española y caballero de la Orden.

Excelentísimo señor don Tomás de Morla. Teniente general de los Reales Ejércitos.

Vista parcial de Campo de Criptana, 1966. Fuente: Centro de Estudos de Castilla-La Mancha (CECLM).

3
PEDRO MUÑOZ

Página anterior, escudo de Pedro Muñoz. Fuente: Archivo Municipal de Pedro Muñoz.

3.1. LA IGLESIA

3.1.1. Generalidades

La villa de Pedro Muñoz en el siglo XVIII, como en siglos anteriores, pertenecía al Común de la Mancha dentro del Priorato de Uclés de la Orden Militar de Santiago.

Pedro Muñoz era por tanto un pueblo de su Majestad, lo mismo que todos los pertenecientes a dicha Orden, ya que el Maestrazgo de la misma, desde los Reyes Católicos, lo detentaban los reyes de España.

Así pues, todos los diezmos de granos, vino, aceite, ganados, y de todo lo que se siembra y coge en el término de la villa pertenecen a la Mesa Maestral de su Majestad, excepto lo que corresponde a las encomiendas de Socuéllamos y Bastimentos de Castilla que lo perciben sus respectivos comendadores.

El 7 de abril del año 1742 el señor don Miguel Verdes Montenegro, caballero del hábito de Santiago, del Consejo de su Majestad en el Real Consejo de la Órdenes, juez protector particular y privativo de las iglesias situadas en el territorio de dichas órdenes, ante las muchas peticiones de dichas iglesias, envió un despacho para que los curas párrocos y los mayordomos de la fábrica y caudal de todas las iglesias del citado territorio contestaran a una serie de cuestiones que iban especificadas en dicho escrito.

En las diligencias llevadas a cabo, ante notario, para contestar al referido escrito, el 17 de noviembre de 1742, consta que la villa de Pedro Muñoz tiene unos 500 vecinos; consta también que la iglesia parroquial tenía para su servicio seis sacerdotes, incluido el cura párroco, y dos ordenantes de menores.

La iglesia parroquial de San Pedro Apóstol, como las de los demás pueblos del Priorato de Uclés, pertenecía a la ya citada Orden de Santiago y por ello sus curas párrocos solían ser caballeros con hábito de dicha Orden.

En el referido año de 1742 el cura propio de la iglesia parroquial era don Juan Carlos Villarejo, del hábito de Santiago, y el mayordomo de su fábrica y caudal don Juan Alfonso Martínez Pedroche, presbítero.

En las diligencias que estamos estudiando solo aparecen los nombres de los dos clérigos citados; pero en la obra del señor Olmedo Rodríguez, que cito en la bibliografía, aparecen reseñados los cuatro sacerdotes restantes y los dos ordenantes:

PRESBÍTEROS:

> Don Francisco Fernández Tarancón
> Don Tomás Antonio Moreno
> Don Patricio de la Orden
> Don Antonio Calderón

ORDENANTES:

> Don Antonio Moreno
> Don Vicente Galindo

En una nota aparte en estas mismas diligencias, se dice que a finales del año 1720, finalizadas las obras de la iglesia, se manda hacer la traslación al nuevo edificio.

Siguiendo ahora al señor Martínez Falero en su obra *Historia de la villa de Pedro Muñoz*, podemos afirmar que el día 8 de septiembre del año 1700 se puso, con toda solemnidad, la primera piedra de la iglesia parroquial siendo cura propio don Juan Fernández Ropero.

Que finalizadas las obras, el domingo 16 de febrero de 1721, domingo de Sexagésima, siendo cura propio don Juan López Blanco, se colocó con toda solemnidad el Santísimo Sacramento. Hubo tres días de celebraciones con funciones y otros actos religiosos y festivos,

3.1.2. Descripción del edificio

La fábrica de la iglesia es de mampostería con sillares en las esquinas; es planta de cruz latina de una nave y crucero, mide 47 varas de larga y 12 de ancha en el cuerpo, la del crucero mide 26 varas; es de bóveda de cañón y en el centro del crucero tiene cúpula de media naranja sobre pechinas.

En el lado izquierdo del altar mayor, según vamos hacia él, está la sacristía y en el lado derecho hay un camarín, ambos cubiertos también de bóveda.

Tiene la iglesia, además del altar mayor, seis altares y una capilla.

El altar mayor tiene un retablo en madera policromada en el que se encuentra el tabernáculo con la custodia, la imagen de san Pedro Apóstol, titular de la parroquia, y otras varias imágenes entre las que podemos citar la de Nuestra Señora del Dolor y la de san Bernardo.

El altar del Santísimo Cristo del Consuelo está en la parte izquierda de la nave del crucero, en el muro de la sacristía.

El altar de Nuestra Señora del Rosario, en la parte derecha, en el muro del camarín.

El altar de san Vicente se encuentra en el fondo izquierdo del citado crucero, y en el lado opuesto está el de san José.

El altar del Santísimo Cristo del Sepulcro está al final del cuerpo de la iglesia, después de la puerta de Cierzo.

El altar de san Sebastián se encuentra en la parte derecha frente a la capilla.

La capilla está en el cuerpo de la iglesia, en su parte izquierda tras el crucero, es de propiedad particular y en el momento que estamos estudiando, año de 1742, pertenecía a don Joseph Móntez; en ella se encuentra un altar dedicado a la Virgen del Pilar de Zaragoza. El dueño cuida de su reparo y mantenimiento.

El coro se encuentra a los pies de la iglesia y se accede a él por las escaleras de la torre.

Debajo del altar mayor hay una cripta o panteón que se utiliza para enterrar a los sacerdotes difuntos de la parroquia.

La torre es de tres cuerpos, de la misma fábrica que el resto del edificio; en el último cuerpo se encuentra el campanario; el tejado es a cuatro aguas y está rematado por una balaustrada.

Tiene la iglesia tres puertas: dos principales, la de Cierzo y la del Sol, que son iguales. Y una pequeña, con arco de medio punto, en el lado del Poniente.

Sobre las dos puertas principales hay un arco apuntado de descarga. Ambas están formadas por arcos de medio punto flanqueado por pilastras que sostienen el entablamento, y sobre este hay una cruz. Ambas tienen canceles con tableros de nogal.

En la parte norte del crucero hay un osario para depositar los huesos que se sacan de la cripta.

3.1.3. Reparaciones que necesita la iglesia

Según el peritaje del maestro albañil presente en las diligencias que estamos analizando, la iglesia no necesita ninguna reparación ya que es de reciente construcción, solamente retejar en algunos lugares para eliminar pequeñas goteras.

Recuerdo que la iglesia se inauguró solemnemente el día 16 de febrero del año 1721.

3.1.4. Alhajas de plata, ornamentos, etc.

Alhajas de plata

En las diligencias que estudiamos figuran como pertenecientes a la iglesia parroquial las alhajas siguientes:

- Una cruz para el altar mayor de 2 libras y 8 adarmes.
- Un incensario con su cadena de 1 libra, 7 onzas y 9 adarmes.

- Una naveta de 1 libra, 11 onzas y 11 adarmes.
- Cruz pequeña de 13 onzas y 8 adarmes.
- Dos pares de vinajeras que entre ambas tienen 1 libra, 12 onzas y 13 adarmes
- Cáliz y patena dorada de 1 libra y 1 onza.
- Cáliz y patena dorada de 2 libras, 1 onza y 14 adarmes.
- Cáliz y patena dorada de 2 libras y 15 onzas.
- Una media luna de 1 libra, 12 onzas y 8 adarmes.
- Una custodia de 10 libras, 4 onzas y 8 adarmes.
- Dos viriles, entre ambos, 5 libras y 8 onzas.
- Cruz parroquial de 5 libras y 8 onzas.
- Lámpara del Santísimo de 10 libras.
- Lámpara del Cristo del Sepulcro de 4 libras y 4 onzas.
- Lámpara del Cristo del Consuelo de 3 libras y 12 onzas.
- Lámpara de Nuestra Señora del Rosario de 2 libras y 7 onzas.
- Dos copones y una caja, entre todo, 2 libras, 3 onzas y 8 adarmes.

ORNAMENTOS LITÚRGICOS Y OTRAS POSESIONES.

La iglesia parroquial posee, para los diferentes tiempos litúrgicos, todo tipo de ornamentos de seda y lana, como casullas, dalmáticas, capas pluviales y otras prendas, y de diferentes colores: verdes, rojos morados, negros y blancos.
Tiene también diferentes prendas de ropa blanca: roquetes, amitos, albas, corporales, sabanillas para los altares, etc.
Asimismo posee misales, breviarios, devocionarios y otros libros.
Tiene también distintos tipos de muebles: cajoneras y armarios para la sacristía, confesionarios, facistoles, bancos y otros.

3.2. INGRESOS Y GASTOS

3.2.1. Ingresos

La financiación de la iglesia parroquial era cariada, procediendo sus ingresos de las siguientes fuentes:

1º. Ayuda de costa al beneficio curado de los perceptores de los diezmos de la villa.
2º. Los diezmos de la Casa Cáñama.
3º. Rentas y diezmos de los bienes propios
4º. Ingresos por actividades propias.
5º. Otras ayudas.

3.2.1.1. Ayuda de costa de los perceptores de los diezmos

Ya hemos indicado que los perceptores de lo diezmos de la villa de Pedro Muñoz eran:

- La Mesa Maestral de su Majestad.
- La encomienda de Socuéllamos.
- La encomienda de Bastimentos de Castilla.

1º. LA MESA MAESTRAL DE SU MAJESTAD

En las diligencias que estudiamos consta que el principal preceptor de los diezmos era la Mesa Maestral del partido de Quintanar, y dado que el Maestrazgo de la Orden lo detentaba la Corona, desde los Reyes Católicos, en el año 1742 el perceptor era el rey Felipe V. El perceptor físico fue don Antonio Granero, que era el tercero de dicha Mesa en la villa de Pedro Muñoz.

En las diligencias no aparecen las cantidades de dichos diezmos, pero sí aparece la ayuda de costa al beneficio curado que fue de 1.099 reales y 6 maravedís.

2º. LA ENCOMIENDA DE SOCUÉLLAMOS

Otro de los perceptores de los diezmos era la dicha encomienda, concretamente de lo que los vecinos de la villa sembraban en tierras de la encomienda o en tierras de Socuéllamos que pertenecían a la misma.

Según las diligencias, no pagaba cantidad alguna de ayuda de costa.

3º. LA ENCOMIENDA DE BASTIMENTOS DE CASTILLA

Era esta el tercer perceptor de los diezmos de la villa, en concreto cogía las primicias del trigo, cebada y centeno; estas solían ser media fanega colmada (siete celemines) de las tres especies, si el cosechero cogía 15 fanegas o más.

El administrador de la encomienda, y por tanto el perceptor de los diezmos, era don Antonio de Palacios, vecino de Mota del Cuervo.

La ayuda de costa al beneficio curado fue de 80 reales

La cantidad total que cogió la iglesia por este concepto el año que estamos estudiando fue de 1.179 reales y 6 maravedís.

3.2.1.2. Diezmos de la Casa Cáñama

El ingreso más importante de la iglesia parroquial lo constituía los ingresos de dicha Casa que, como ya sabemos, era una de los tres mayores cosecheros de la localidad; en el momento que estudiamos era la de don Antonio Granero, y fueron estos:

- 46 fanegas y 3 celemines de trigo que vendidas a 22 reales la fanega importaron 1.017 reales
- 20 fanegas y 6 celemines de cebada vendidas a 10 reales fanega importaron 205 reales.
- 7 fanegas y 6 celemines de centeno vendidas a 14 reales cada una dieron 105 reales.
- 3 fanegas de avena a 7 reales cada una dieron 21 reales.
- De collazos, 45 reales.
- De menudos, 18 reales .
- De vino, 84 reales

El total de estos diezmos supuso la cantidad de 1.495 reales.

3.2.1.3. Rentas y diezmos de bienes propios

La iglesia tiene por suyas propias 17 fanegas de tierras de sembradura, divididas en 13 suertes o pedazos y repartidas por diferentes parajes del término de la villa. Según personas peritas están valoradas en 2.380 reales.

Suelen arrendarse a vecinos de la villa y la iglesia cobra la renta y el diezmo de lo que estos vecinos cosechan en ellas. En el año de referencia produjeron 34 fanegas de trigo que, vendidas a 22 reales cada una, suponen 748 reales; a esto hay que añadir 44 reales que rentaron las tierras puestas de azafranales.

En total el importe de las tierras supuso 792 reales.

3.2.1.4. Ingresos por actividades propias de la parroquia

En las diligencias que estudiamos consta que la iglesia parroquial, por este concepto, tiene los ingresos siguientes:

- De rompimiento de sepulturas, 627 reales.
- De la cruz que va en los entierros, 42 reales.
- De la cera de las misas testamentarias, 121 reales.
- De los cepillos de los bautizos, 51 reales.
- De la lámpara de la Ánimas, 33 reales.
- Limosnas de los vecinos por permitirles trabajar los días festivos durante las cosechas de agosto:
  21 fanegas de trigo a 22 reales cada una, 462 reales.
  7 fanegas y 9 celemines de cebada a 10 reales cada una, 77,5 reales.
  4 fanegas y 9 celemines de centeno a 14 reales cada una, 66,5 reales.

Todo ello hace un total de 1.480 reales.

3.2.1.5. *Otras ayudas*

Los perceptores de los diezmos de la villa también pagaban de forma proporcional a sus ingresos los gastos extraordinarios de la parroquia, como obras, ornamentos y otros.

En el libro manuscrito 18 C, de la Órdenes Militares, del Archivo Histórico Nacional, en los folios que tratan de la iglesia de Pedro Muñoz podemos leer:

> «...Y en el año 1720 se dice estar haciendo una iglesia nueva, y siendo reconocida por D. Joseph Nicolás de Carracedo quien se dieron gracias y después se mandó hacer la traslación, y en el año 1723 se dieron ornamentos que importaron 10.189 reales, y se prorratearon en maravedís tocando a la Mesa Maestral 385.121 y a la de Bastimentos 28.925 que componen 414.052, y además de esto se dieron otras alhajas que importaron 563 reales el año 1724...».

3.2.2. Gastos

En las diligencias que estudiamos no aparecen pormenorizados los gastos de la iglesia parroquial; sí aparecen los gastos anuales del quinquenio (1737-1741) que son:

AÑOS	GASTOS
1737	3.378 reales
1738	3.778 reales
1779	3.791 reales
1740	3.137 reales
1741	4.061 reales

Estos datos nos proporcionan una media anual por quinquenio de 3.437 reales de gastos de la parroquia.

El señor Olmedo Rodríguez, en su obra sobre esta iglesia en el siglo XVIII, nos dice que los gastos anuales de la parroquia solían ser, un año con otro, los siguientes:

> «Cuatro fanegas de trigo para hostias a 18 reales fanega, 72 reales.
> Para aceite de las lámparas, 313 reales.
> Gastos de cera, 861 reales.
> Vino para misas, 280 reales.

Para lavar y almidonar la ropa, 132 reales.
Salario del sacristán, 440 reales.
Para hacer y deshacer el monumento, 52 reales.
Para incienso, 32 reales.
De traer los óleos de Uclés, 16 reales.
Gratificación a los monaguillos, 180 reales.
A los músicos por tocar en las funciones, 130 reales.
Carbón para el brasero de la sacristía, 65 reales.
Para arreglar las sepulturas, 145 reales.
Otros gastos, 30 reales.
Para ajustar y liquidar las cuentas, 43 reales».

RESUMEN DE INGRESOS Y GASTOS

INGRESOS	
Ayuda de costa	1.179 reales
Casa Cáñama	1.495 reales
Rentas propias	792 reales
Actividades propias	1.480 reales
Total ingresos	5.326 reales
GASTOS	
Total gastos	3.437 reales

ANEXO. NOTAS SOBRE LA IGLESIA

De acuerdo con el señor Martínez Falero, en su obra *Historia de la villa de Pedro Muñoz* (pp. 89-93), en la primera mitad del siglo XVIII se hicieron, entre otras cosas, las obras siguientes relacionadas con la iglesia parroquial de Pedro Muñoz.

«Se principió la fábrica del Templo, que hoy es la parroquia, poniéndose la primera piedra de día 8 de septiembre del año 1700, consagrado a la Natividad de la Santísima Virgen, y baxando el Clero con la Cruz Parroquial para hacer la bendición de ella dicho día, se pusieron monedas, como es costumbre en dichas ocasiones».

Era cura párroco en esta fecha don Juan Fernández Ropero.
Un poco más adelante continúa:

«Se prosiguió el Templo el año 1712 ó 1713 y se concluyó en 1721. Se colocó el Señor Sacramento el Domingo de Sexagésima, que aquel año fue el 16 de febrero».

Era cura párroco don Juan López Blanco.

Arriba, iglesia parroquial de Pedro Muñoz en la primera mitad del siglo XX. Fuente: Archivo Fotográfico Municipal de Pedro Muñoz. Abajo, fachada sur con la torre al fondo de la iglesia de San Pedro Apóstol de Pedro Muñoz. Fuente: Archivo Fotográfico Municipal de Pedro Muñoz.

Arriba, retablo del altar mayor de la iglesia de San Pedro Apóstol de Pedro Muñoz en la época actual. Fuente: Archivo Fotográfico Municipal de Pedro Muñoz. Izquierda, portada norte de la iglesia parroquial de Pedro Muñoz, con el estilo característico del siglo XVIII. Fotografía del autor.

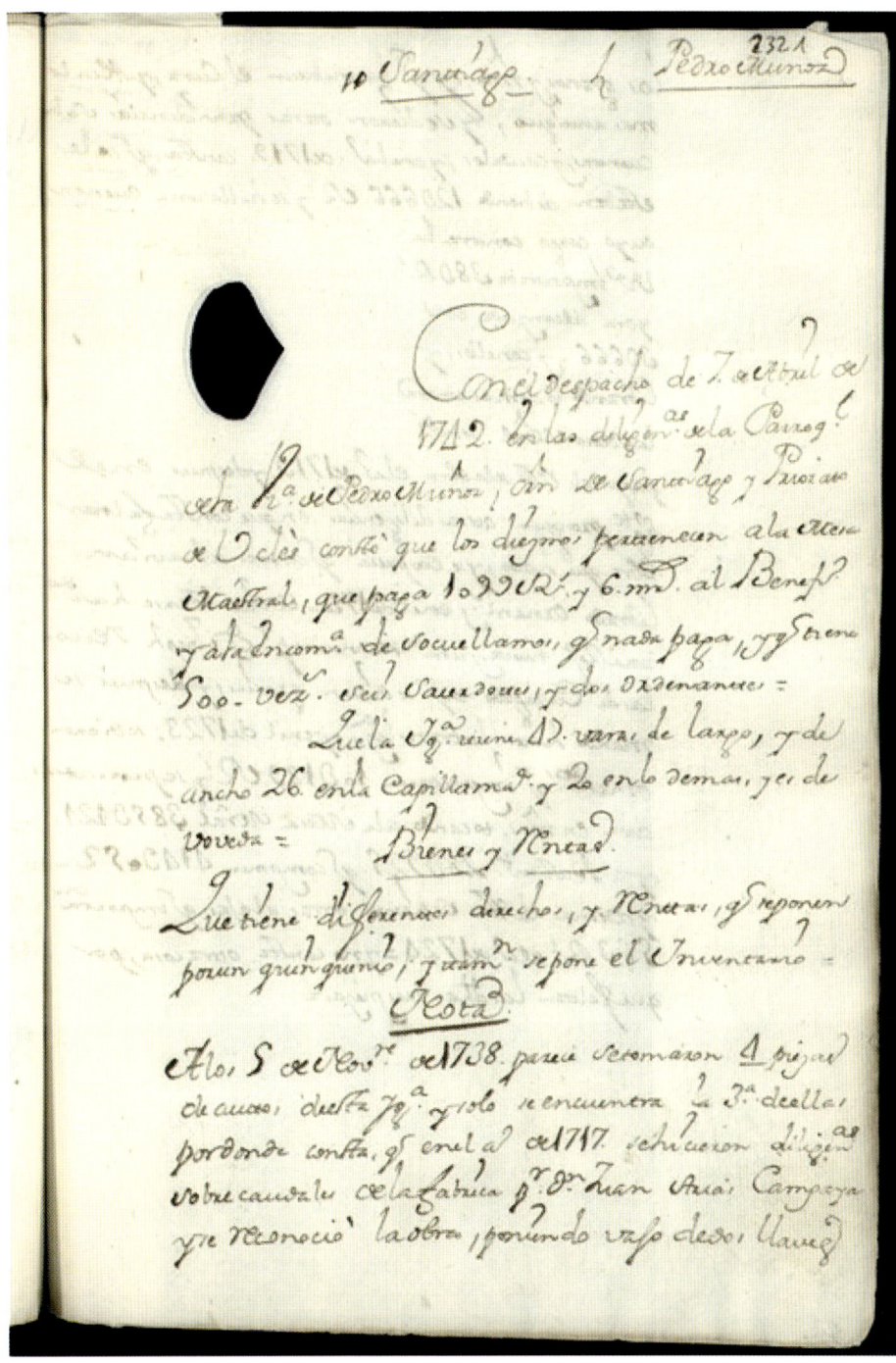

Documento que trata de la villa de Pedro Muñoz. Fuente: AHN, OOMM, libro manuscrito 18 C, folio 232.

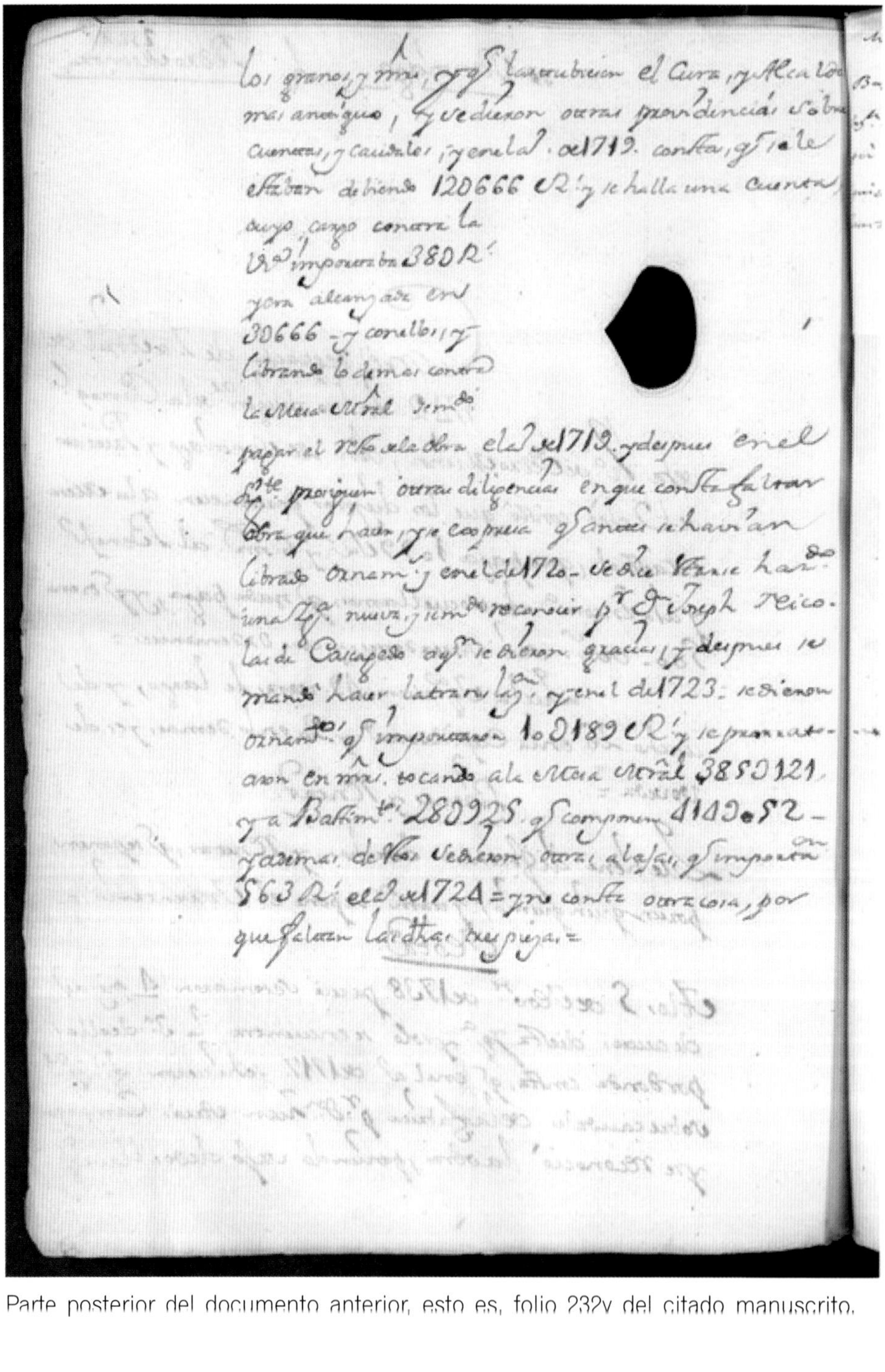

los granos, y mrs, que se descubrieron el Cura, y Alcalde
mas antiguo, y se dieron otras providencias sobre
cuentas, y caudales, y en el de 1719. consta, que se le
estaban debiendo 120666 Rs y se halla una cuenta
cuyo cargo contra la

Rl importan 880 Rs

y ora alcanza en

30666 y con ello, y

librando lo demas contra

la Mesa Mrl se mandó

pagar el rto de la obra el de 1719. y despues en el
que prosiguen otras diligencias en que consta faltar
obra que hacer, y compra que hacer se habian
librado ornamtos y en el de 1720 se dice haberse hadoho
una Iga nueva, y se mandó recÑir pr Dn Joseph Ñico.
las de Casa que se dieron gracias, y despues se
mandó hacer la traza Iga, y en el de 1723 se dieron
ornamtos que importaron 10D189 Rs y se prorratearon en mrs. tocando a la Mesa Mrl 3850321,
y a Batism 283925 que componen 4143052
y ademas de Ñas se dieron otras alajas que importaron
563 Rs el de 1724 = y no consta otra cosa, por
que faltan las otras tres piezas.

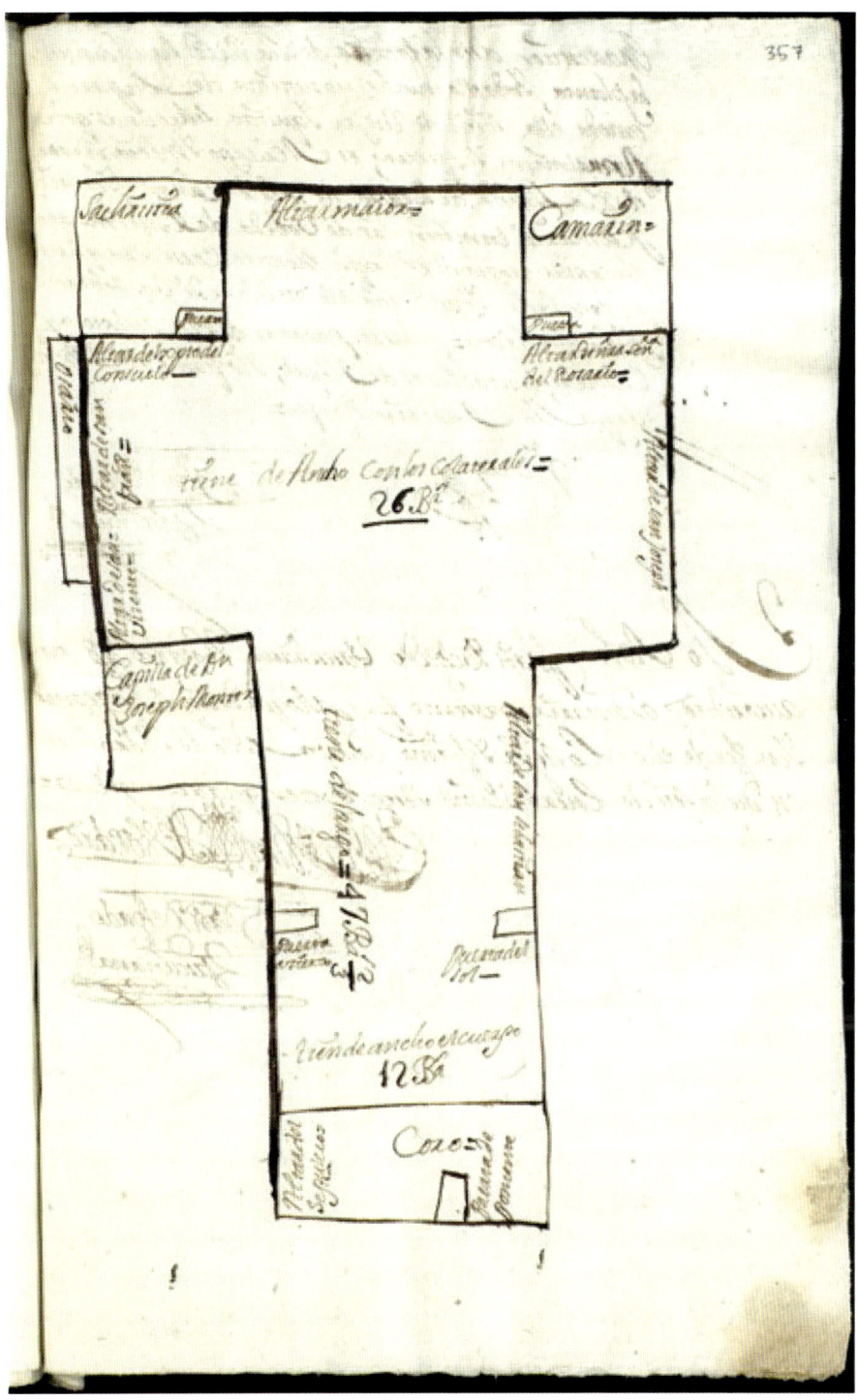

Documento donde se aprecia la planta de la iglesia parroquial de Pedro Muñoz.
Fuente: AHN, OOMM, libro manuscrito 24 C, folio 357.

Pedro Muñoz, calle José Antonio, 1972. Al fondo la iglesia parroquial de San Pedro Apóstol. Fuente: CECLM.

Más adelante sigue diciendo:

«Se hizo entierro general de huesos por el año 1727 en el cementerio de la Iglesia antigua; y en la nueva se pusieron canceles en el de 1733».

Por último, en la página 93 se dice que, siendo cura párroco don Juan López Blanco, se hicieron importantes cosas sobre todo en la antigua iglesia:

«Se hizo el retablo de San Antonio de Padua, blanquear la ermita y pintar su retablo; poner postigo al coro; puertas nuevas en la pequeña que hay al poniente, que por traer la que allí había a la iglesia nueva, quedó tapiada. Se tuvo por conveniente demoler la torre que allí había, y fue necesario disponer la techumbre que hay sobre el coro».

HISTORIA

DE LA VILLA DE PEDRO MUÑOZ,

QUE ES UNA DEL PRIORATO

DE SANTIAGO DE UCLÉS,

EN EL REYNO DE TOLEDO,

Y PROVINCIA DE LA MANCHA ALTA,

Dispuesta en forma de Dialogo,

Y DIVIDIDA EN TRES COLOQUIOS

Por D. Domingo Joseph Martinez Falero,
Presbítero y natural de la
misma Villa.

MADRID : MDCCLXXXI.

Por D. Manuel Martin , calle de la Cruz,
donde se hallará.

Con las licencias necesarias.

Portada del libro de Domingo Joseph Martínez Falero, *Historia de la villa de Pedro Muñoz* (1781).

de Pedro Muñoz. 89

mé *de Ayuso Mayordomo*, Presbítero, y natural de este pueblo. Se principió la fabrica del Templo, que hoy es la Parroquia, poniendose la primera piedra año de 1700. dia 8. de Septiembre, consagrado á la Natividad de la Santisima Virgen, y baxando el Clero con la Cruz parroquial para hacer la bendicion de ella dicho dia, se pusieron monedas, como es costumbre en estas ocasiones. Se prosiguió dicha fabrica hasta sacarla de la tierra como dos varas, y asi se dexó por entonces. Tambien en el año de 1701. se hizo una campana, que aun permanece, que es la que decimos la mediana. Murió finalmente Don Juan Fernandez Ropero, Cura de esta Villa, en ella dia 16. de Octubre de 1708. Su cuerpo fue llevado á enterrarse á la boveda que hay en la Capilla de Santa Teresa, en el Convento de Padres Carmelitas del Campo, por disposicion de su testamento. Por su muerte fue hecho Cura-Vicario Don *Antonio Martinez Cano*, Presbítero, y natural de esta Villa.

P. Detente un poco, que me ocurre preguntarte si en tiempo del Cura Ropero, subsistia alguna otra Cofradía.

M.   R.

En esta imagen y las siguientes, páginas del libro de Domingo Joseph Martínez Falero, *Historia de la villa de Pedro Muñoz* (1781) referidas a la iglesia parroquial.

de Pedro Muñoz. 91

es la que hoy veneramos con la invocacion del Rosario.

P. Quién fue el succesor de nuestro Cura Ropero?

R. Lo fue Don *Juan Lopez Blanco*, natural de Chiclana, cerca de Veas, en las Sierras de Segura, hijo de Juan Lopez Blanco, é Isabel Gallego. Dióle el Curato el Señor Prior Don Geronimo Rodriguez Sanz, á quien habia servido; y tomó la posesion por Diciembre del mismo año de 1708. Fue Cura por espacio de 26. años, y dos meses. En su tiempo se traxeron las Imagenes de San Joseph, y de San Vicente Ferrer: esta á solicitud, y diligencia de Don Diego Carnicero, aplicando este las multas, ó penas pecunarias que llebó un año que fue Alcalde, á dicho piadoso fin; y aquella á devocion, y expensas de dicho Cura, y de Don Thomas Zarco Falero, natural, y vecino de esta Villa; y ambas sagradas Imagenes, se colocaron sobre el altar del retablo mayor, por no haber entonces otro lugar mas proporcionado. Tambien se traxo la Imagen de la Señora Santa Ana, á expensas de Don Antonio Martinez Cáno, Presbítero; pues

M 2　　　la

92   *Historia de la Villa*

la que habia antigua, por estar ya indecente mandó que se enterrase el Señor Prior Don Carlos Villarejo, estando aqui haciendo la visita pastoral, en Febrero de 1719. Se prosiguió la fabrica del Templo desde por el año de 1712. ó 1713. y se concluyó el de 1721. Se colocó en él el Señor Sacramentado Domingo de Sexagesima, que en aquel año fue dia 16. de Febrero. Hizose esta colocacion con grande solemnidad, durando tres dias continuados las funciones de Iglesia con sermones: y para ellas se trajeron buenos musicos; que por lograrlos tales, se adelantó la funcion á los ocho dias que faltaban para las Carnestolendas. Se hizo entierro general de huesos por el año de 1727. en el cementerio de la Iglesia antigua: y en la nueva se pusieron canceles por el de 1733. En el siguiente de 1734. fundó la memoria, ó Patronato de prebenda de estudio de Gramatica para tres niños. Don Pedro Falero y Faxardo, Presbítero, natural de esta Villa, donde nació año de 1653. bautizado dia 16. de Junio. Fue hijo de Diego Delgado, y Cecilia Falero, Capellan en

la

de Pedro Muñoz. 93

la Capilla de S. Joseph de la Ciudad de
Toledo, donde otorgó dicha Memoria ante
Juan Herrera Suarez á 23. de Diciembre
de dicho año 1734. Cerca de este tiempo
se hicieron los cajones nuevos para la sa-
cristia, y el retablo de S. Antonio de Padua; éste á solicitud de una pobre muger,
natural de esta Villa, llamada Isabel de los
Reyes de Bustos, vulgarmente la Reyna,
con las limosnas que allegó para este piadoso fin. Y no solo consiguió esto su zelo,
sino tambien el dorar dicho retablo, pintar frontal para el altar, traer caliz, y
campana; blanquear la Ermita, y pintar su
capilla mayor; poner postigo en el coro,
puertas nuevas en la pequeña que hay al
poniente; que por traer las que allí habia
á la Iglesia nueva, quedó tapláda. Se tubó
por conveniente demoler la torre que allí
habia, y fue necesario disponer la techumbre que hay sobre el coro. Se puso la va-
randa que hay en su capilla mayor, y dejó
recógidas limosnas para la lampara que hoy
tiene; quando murió, que fue en 15. del
Septiembre de 1740. Ya entonces habia fal-
tado nuestro Cura, pues habia pasado á la

eter-

SOCUÉLLAMOS

Página anterior, escudo de la villa de Socuéllamos. Fuente: Archivo Municipal de Socuéllamos.

4.1. LA IGLESIA

4.1.1. Generalidades

La villa de Socuéllamos en el siglo XVIII, como en los siglos anteriores, pertenecía al Común de la Mancha dentro del Priorato de Uclés de la Orden Militar de Santiago.

Socuéllamos era una villa de encomienda y por ello todos los diezmos de trigo, cebada, centeno, avena, vino, aceite, ganados y de todo lo que se siembra, coge y se cría en las tierras de la villa, por vecinos y forasteros, pertenece a la encomienda de Socuéllamos, también llamada de «Vejezate».

El día 7 de abril del año 1742 el señor don Miguel Verdes Montenegro, caballero del hábito de Santiago, del Consejo de su Majestad en el Real Consejo de las Órdenes, juez protector particular y privativo de las iglesias situadas en el territorio de dichas órdenes, ante las muchas peticiones de dichas iglesias, envió un despacho para que los curas párrocos y los mayordomos de la fábrica y caudal de todas las iglesias parroquiales de dicho territorio contestaran a una serie de cuestiones que iban especificadas en el referido escrito.

En las diligencias llevadas a cabo ante notario para contestar al citado escrito, el día 9 de noviembre de dicho año, consta que la villa de Socuéllamos tenía 360 vecinos; también consta que la iglesia tenía para su servicio seis sacerdotes, incluido el párroco, y seis ordenantes de menores.

La iglesia parroquial de Nuestra Señora de la Asunción, como las de los demás pueblos del Priorato de Uclés, pertenecía a la Orden de Santiago y, por ello, sus curas párrocos solían ser caballeros con hábito de dicha Orden.

En el referido año de 1742 el cura propio de la iglesia parroquial era don Francisco Ramírez Baíllo, del hábito de Santiago, pero quien llevó a cabo las diligencias pedidas fue el teniente de cura de la parroquia, don Luis de Novoa Armero; el administrador de su fábrica y caudal era don Martín Collado de la Peña.

4.1.2. Descripción del edificio

La fábrica de la iglesia es de mampostería con sillares en las esquinas y en algún otro lugar.

Es de tres naves y tiene de largo 50 varas desde el altar mayor a la capilla de la pila bautismal y 34 de ancha; las bóvedas son de crucería.

La iglesia tiene once altares que miden cada uno tres varas de largo.

En el altar mayor hay un retablo de madera, siendo su motivo central el Cristo de la Vega.

La sacristía no tiene bóveda, el techo es de madera con molduras y tallas; esto es, un artesonado con casetones de estilo renacentista.

La torre es de estilo herreriano; tiene tres cuerpos y está rematada por un chapitel con pizarra.

La portada principal está formada por un arco de medio punto sobre pilastras, enmarcado por dos columnas sobre plinto que sostienen el arquitrabe.

4.1.3. Reparaciones que necesita la iglesia

El mayordomo de la fábrica y caudal dice que la iglesia no necesita reparación alguna ya que fue reparada recientemente.

El que sí necesita reparación es el órgano de la misma, habiéndose tasado dicha reparación en 1.500 reales.

4.1.4. Alhajas, ornamentos, etc.

ALHAJAS DE PLATA

En las diligencias que estudiamos se inventariaron como pertenecientes al caudal de la parroquia las siguientes alhajas y vasos sagrados:

- Cruz grande con crucifijo también de plata, afiligranada, con diferentes piezas sobredoradas de 21 libras.
- Custodia con algunos esmaltes, con sus apóstoles, sus campanillas pequeñas y una grande por remate; con columnas y arcos, y con su viril de 53 libras y 8 onzas.
- Otra custodia para llevar con las manos de 4 libras y 4 onzas.
- Dos cetros con el hábito de Santiago, entre los dos, 8 libras.
- Dos copones dorados por dentro, ambos, de 1 libra y 10 onzas.
- Una cajita sobredorada para el viático de 2 onzas.
- Un hostiario sobredorado de 1 libra.
- Cáliz con su patena, todo sobredorado, con algunas figuras de escultura de 3 libras y 8 onzas.
- Cinco cálices, doradas las copas por dentro, entre todos, de 7 libras y 4 onzas.
- Cruz pequeña para algunos entierros de 4 libras y 3 onzas.

- Cruz para el altar mayor de 1 libra.
- Un relicario de 4 onzas.
- Una concha para los bautizos de 14 onzas.
- Candeleros grandes de 2 libras y 8 onzas.
- Candeleros pequeños de 11 onzas.
- Incensario con sus cadenas, 4 libras.
- Naveta con su cucharilla, 1 libra y 8 onzas.
- Vinajeras con su plato, 1 libra y 7 onzas.
- Lámpara del altar mayor de 32 libras y 8 onzas.
- Lámpara de Nuestra Señora del Rosario de 8 libras.
- Estandarte de filigrana con la cruz del hábito de Santiago, con cordones también de plata, 19 libras y 11 onzas.
- Cruz del estandarte del Santísimo de 1 libra y 4 onzas.
- Cruz de otro estandarte, 1 libra y 1 onza.

ORNAMENTOS Y OTRAS COSAS

La iglesia parroquial posee para los diferentes tiempos litúrgicos todo tipoo de ornamentos de seda y lana, como casullas, dalmáticas, capas pluviales, etc., y de diferentes colores: verdes, morados, rojos, negros y blancos.

Tiene también todo tipo de prendas de ropa blanca: roquetes, albas, amitos, sabanillas para los altares, corporales y otras prendas.

Asimismo posee misales, breviarios, devocionarios y otros libros.

Posee también distintos tipos de muebles, como armarios y cajoneras para la sacristía, bancos, confesionarios, facistoles, etc.

4.2. INGRESOS Y GASTOS

4.2.1. Ingresos

La financiación de la iglesia parroquial era muy variada y sus ingresos procedían de las fuentes siguientes:

1º. Ayuda de costa al beneficio curado por los perceptores de los diezmos de la villa.
2º. Diezmos de la Casa Cáñama.
3º. Rentas y diezmos de los bienes propios.
4º. Ingresos por actividades propias.
5º. Otras ayudas.

4.2.1.1. Ayuda de costa al beneficio curado

Ya hemos dicho que el único perceptor de los diezmos de la villa de Socuéllamos era la encomienda de su mismo nombre, conocida también como de «Vejezate».

La encomienda de Socuéllamos era una de las más importantes encomiendas de la Orden de Santiago, que fue creada el año 1445 siendo maestre de la Orden el infante don Enrique. En una relación de los ingresos de las encomiendas, hecha en el año 1652, esta encomienda tenía unos ingresos de 4.125.000 maravedís o, lo que es lo mismo, 121.323 reales de vellón (AHN, OOMM, libro manuscrito 1.340 C, folios 346 y siguientes).

En el momento que estudiamos, año 1742, su comendador era Su Alteza Real, Serenísimo Señor Don Luis Antonio Jaime, infante cardenal y arzobispo de Toledo.

El administrador de sus bienes era ese mismo año don Francisco de las Infantas, vecino de la villa de Campo de Criptana.

En las diligencias, que estamos estudiando, no se especifican las cantidades de los diezmos, pero sí se dice que la ayuda de costa al beneficio curado fue de 725 reales y 20 maravedís.

4.2.1.2. Diezmos de la Casa Cáñama

Un ingreso importante de la parroquia eran los diezmos de la Casa Cáñama o Excusada que, como sabemos, era la de uno de los tres mayores cosecheros de la villa; en el año de referencia fueron:

- 80 fanegas de trigo que, vendidas a 18 reales cada una, importaron 1.440 reales.
- 80 fanegas de cebada que, vendidas a 8 reales cada una, dieron 640 reales.
- 30 fanegas de centeno, a 10 reales cada una, 300 reales.
- 15 corderos, a 13 reales cada uno, sumaron 195 reales.
- 4 arrobas de lana, a 20 reales cada una, hicieron 80 reales.
- 10 arrobas de vino, a 3 reales cada una, 30 reales.

Los ingresos totales por este concepto fueron 2.685 reales.

4.2.1.3. Rentas y diezmos de los bienes propios

En las diligencias que comentamos se dice que la iglesia parroquial tenía las propiedades siguientes:

- Una casa panera y una huerta de riego que se arrienda en cada año en 60 reales.

- Un haza de ocho fanegas de tierra en el sitio que llaman «La Laguna» que produce de renta 2 fanegas de trigo y otras 2 de diezmo, que vendidas importaron 72 reales
- Otras 20 fanegas de tierra en diferentes parajes que producen 10 fanegas de cebada de renta y otras 10 de diezmo, y vendida dieron 160 reales.

Todos estos ingresos hicieron un total de 292 reales

4.2.1.4. Ingresos por actividades propias de la parroquia

Por estas actividades la parroquia tenia los siguientes ingresos:

- 15 fanegas de trigo y 15 de cebada de limosnas que dan los vecinos de la villa por el permiso para poder trabajar durante los días de fiesta durante el agosto, que vendidas a los precios de referencia hacen 390 reales.
- De rompimiento de sepulturas y otras cosas, 150 reales.
- De misas de colecturía y cepillos, 60 reales.

Estas partidas hacen un total de 600 reales.

4.2.1.5. Otras ayudas

Los perceptores de los diezmos, ya lo hemos dicho, pagaban también, de forma proporcional a sus ingresos, los gastos extraordinarios de la iglesia parroquial.

En el libro manuscrito 18 C del Archivo Histórico Naciona, relativo a las Órdenes Militares, en los folios que tratan sobre la iglesia de Socuéllamos, hay una nota que dice:

«Comenzaron autos el año 1693, y en el año 1689 se remató la obra en 104.000 reales y para ornamentos se designaron 1.275 reales por no tener necesidad de más... El Comendador se mostró parte porque el maestro de obra no cumplía, ni tenía dadas competentes fianzas y se procedió contra él; y en el año 1705 el Comendador D. Luis de Toledo se ofreció a acabar la obra, ayudándose con lo que la iglesia tenía».

4.2.2. Gastos

Los gastos anuales de la iglesia parroquial, según están reflejados en las diligencias que estudiamos, fueron:

- Salario del sacristán, 650 reales.
- Tres fanegas de trigo para hostias, 54 reales.

- Doce arrobas de vino para las misas, 36 reales.
- Seis arrobas de aceite para la lámpara del Santísimo, 150 reales.
- Salario de los monaguillos, 32 reales.
- Para hacer y deshacer el monumento, 50 reales.
- Para la cera que se necesita, 600 reales.
- Limosnas que se dan el día de la Asunción, 50 reales.
- Para lavar la ropa blanca, 66 reales.
- Para traer los santo óleos de Uclés, 30 reales.
- Otros gastos (arreglar sepulturas, sogas, carbón, etc.), 800 reales.

Todos estos gastos hacen un total de 2.508 reales.

RESUMEN DE INGRESOS Y GASTOS

INGRESOS	
Ayuda de costa	735 reales y 20 maravedís
Casa Cáñama	2.685 reales
Rentas propias	293 reales
Actividades propias	600 reales
Total ingresos	4.312 reales y 20 maravedís
GASTOS	
Total gastos	2.508 reales

Socuéllamos, iglesia parroquial de Nuestra Señora de la Asunción, hacia 1960. Fuente: CECLM.

Arriba, iglesia parroquial de Socuéllamos en la primera mitad del siglo XX. Abajo, fachada sur de la iglesia parroquial de Nuestra Señora de la Asunción de Socuéllamos. Fuente: Archivo Fotográfico Municipal de Socuéllamos.

Arriba, fachada norte de la iglesia parroquial de Socuéllamos. Abajo, retablo del altar mayor de la iglesia parroquial de Socuéllamos en la actualidad. En el centro podemos apreciar al Santísimo Cristo de la Vega. Fuente. Archivo Fotográfico Municipal de Socuéllamos.

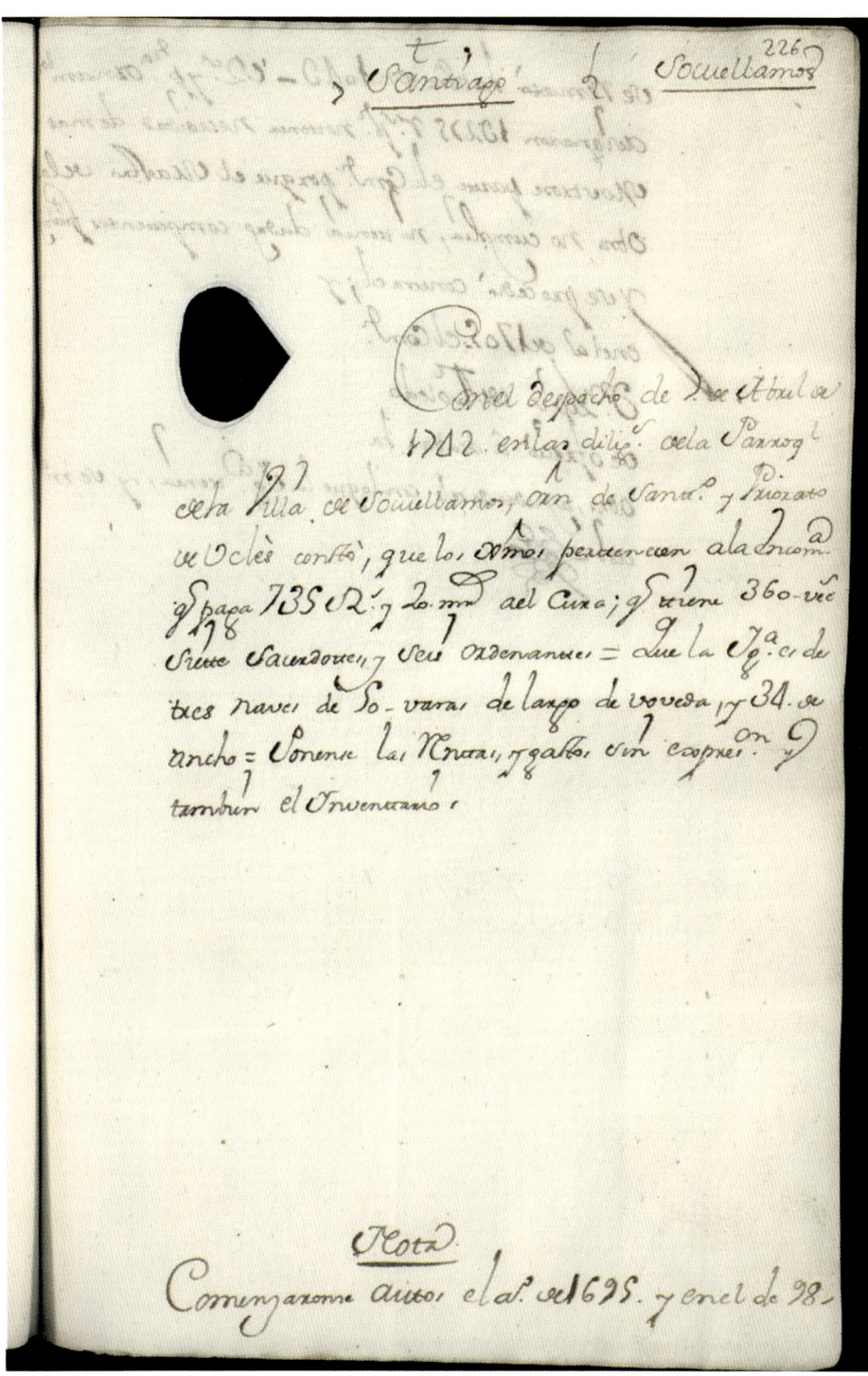

Documento que trata de la villa de Socuéllamos. Fuente: AHN, OOMM, libro manuscrito 18 C, folio 226.

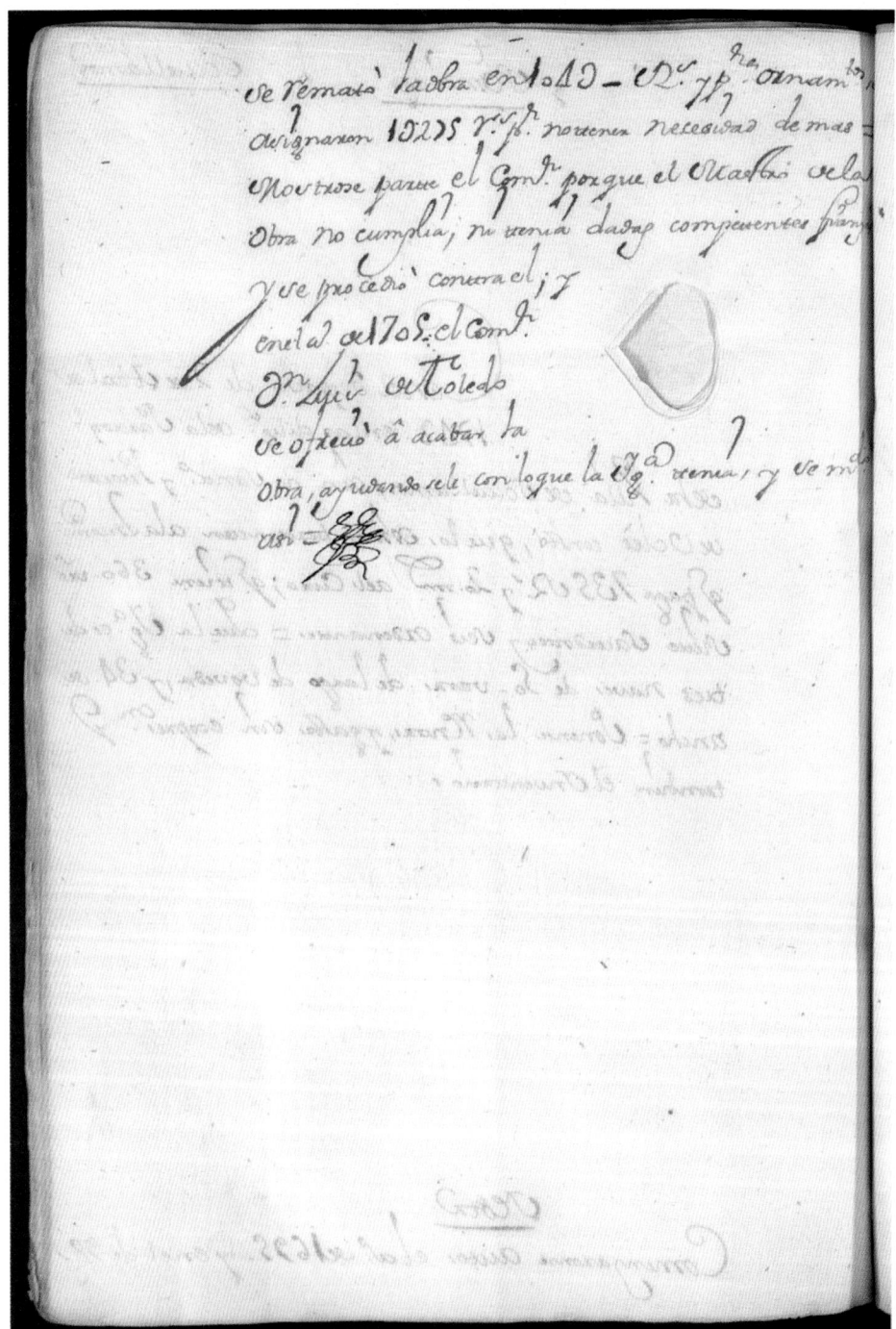

Parte posterior del documento anterior, esto es, folio 226v del citado manuscrito.

ANEXO. LA ENCOMIENDA DE SOCUELLAMOS

Esta encomienda se llamó también de la Torre de Vejezate; fue creada en el año 1445 siendo maestre de la Orden el infante don Enrique. Se halla situada en la villa de Socuéllamos y tiene también miembros y derechos en las de Tomelloso, Campo de Criptana, Pedro Muñoz, El Toboso, La Mota, Santa María de los Llanos y las Mesas.

1. DESCRIPCIÓN DE LA ENCOMIENDA

La descripción de la encomienda está tomada de la que se hizo el año 1667, siendo su comendador el excelentísimo señor don Baltasar Barroso de Ribera, marqués de Malpica, por testimonio de Juan de Molinos, escribano público de la villa.

De acuerdo con esta descripción, los bienes y derechos de la encomienda eran:

1.1. Bienes inmuebles

Fachada de la Casa-Palacio de la encomienda de Socuéllamos, situado junto a la iglesia parroquial. Fuente: Archivo Fotográfico Municipal de Socuéllamos.

Tiene la encomienda unas casas principales de morada situadas en la Plaza Principal, junto a la iglesia parroquial; en ellas habita el comendador cuando viene a la villa; viven en ellas el alcaide y administrador de las mismas. Dichas casas tienen paneras y bodega donde se recogen el pan y el vino que pertenecen a la encomienda de los diezmos que se adeudan de la jurisdicción de la villa.

Además de estas casas tiene otras varias con cuarto de horno situadas en diferentes lugares de la villa: una en la calle de la Carnicería, otra en la plaza del Coro, otra en la calle de Paredes, otra en la que va desde el puente del Pozo Viejo a Nuestra Señora del Rosario, otra en la calle de Ruidera y otra en la de las Cruces y del Bernardo.

En el lugar de Tomelloso, que es de su jurisdicción, tiene un cuarto de horno que necesita reparación.

Normalmente todos los hornos citados suelen arrendarse un año con otro en 200 reales al año.

Junto al río Záncara tiene la casa de La Torre y fortaleza de Vejezate en la dehesa y monte que llaman de la Torre; esta dehesa es de la encomienda y en ella viven los guardas de ella. Este lugar es término y jurisdicción de la villa de Socuéllamos.

También en el término de la villa tiene la casa venta que llaman de Manjavacas, situada en la dehesa de ese nombre.

Tiene casas y graneros en las villas de La Mota y de Las Mesas, donde se recogen los diezmos de granos y vino que se diezman en ellas; y en la villa del Toboso tiene un solar de casas.

1.2. Tierras

Tiene la encomienda una dehesa que llaman de Manjavacas, que se arrienda para pasto de ganados menores; el valor del arrendamiento es para la misma y asimismo le tocan las penas que se hacen en ella.

Tiene también la dehesa de la Torre de Vejezate, en la parte del río Záncara, que tiene monte; los arrendamientos suelen ser para ganado mayor y menor: El aprovechamiento de las penas que se hacen en ella a todo tipo de ganado y cortas del monte es para la encomienda, y también lo es el derecho de las penas de la bellota del mismo; también las penas de los caces de los molinos que hay en dicha dehesa.

1.3. Derechos jurisdiccionales

La encomienda tiene el derecho y preeminencia de que en las elecciones que esta villa hace cada año en la Pascua de Navidad, el Ayuntamiento elige dos personas para aguacil mayor y las presenta ante el señor comendador o ante su alcaide o administrador, y de ellas elige la que le parece más conveniente, y al que así declara queda elegido por tal alguacil mayor y ejerce el oficio aquel año por cuenta y riesgo de los que lo nombraron en dicho Ayuntamiento.

Tiene también el derecho de que el comendador, su alcaide y su administrador tengan asiento en la iglesia antes que los regidores, junto a la justicia y alcaldes ordinarios de la villa, y lo mismo en las procesiones y actos públicos.

El señor comendador, administrador y alcaide tienen además los siguientes derechos: el de coger bellota con la gente de su casa ocho días antes de desvedarla para el pueblo, que ordinariamente se hace el día de San Lucas; el de poder cortar y hacer leña en los montes de la dehesa para el gasto de su casa; el de poder dar licencia para cortar algunas carrascas para árboles de las norias de las huertas de esta villa, que son diezmeras de la encomienda.

Tiene el derecho de percibir para sí el derecho de la sangre y armas de las riñas y heridas que se ofrecen en la jurisdicción de esta villa conforme a las leyes capitulares. Tiene también el derecho de percibir y cobrar todas las penas legales de las condenaciones que los alcaldes de la villa hacen y el gobernador, estando de visita en Socuéllamos. Y también las penas ya citadas de los ganados, leña, bellotas, etc., en la dehesa de Manjavacas y en la de la Torre de Vejezate; así como también las penas dobladas de las dehesas y montes de la villa.

Tiene el derecho y preeminencia de que en las carnicerías de la villa se le dé al señor comendador o a su alcaide lo necesario para su casa en los primeros pesos, dando primero a la justicia y luego al comendador o alcaide.

La encomienda tiene de renta fija cinco fanegas de trigo que cada año paga el molino de Caicedo; esta renta se paga por estar dicho molino y sus caces y socaces situados en la dehesa de la Torre que, como ya hemos dicho, es propia de la encomienda; y tiene también el derecho para sí de otras cinco fanegas cada año del molino que llaman de la Torre, que está en el término y jurisdicción de la villa de Socuéllamos en la ribera del Záncara, por la misma razón que el anterior.

1.4. Portazgos, diezmos, juros, etc.

1.4.1. Portazgos

Tiene la encomienda el derecho de cobrar para sí la renta del portazgo de esta villa, que es de todas las mercancías que pasan en cargas y carros de cualquier género que sean; dicho derecho se cobra de acuerdo a los aranceles de las leyes capitulares y la costumbre.

Tiene derecho de cobrar también dicho portazgo en Manjavacas, el cual se arrienda junto con la casa-venta que allí tiene la encomienda y con algunos diezmos de huertas y viñas que están plantadas en aquel sitio; yendo de esta manera juntos dichos miembros.

Tiene el derecho de percibir y cobrar el derecho que llaman del «Paso de la Torre», que consiste en cobrar dos reses escogidas de los ganados que pasan al extremo y a venderse, de cada señor de ganado y cabaña que pase por allí, siempre que lleguen a 100 cabezas, y aunque pasen mucho más número solo pagan las dos reses, y si no llegan a 100 son libres de pasar sin pagar cosa alguna.

1.4.2. Diezmos

La encomienda tiene derecho a percibir y cobrar gran variedad de diezmos, tanto mayores como menores.

En primer lugar todos los diezmos de trigo, cebada, centeno y avena que se cogen y diezman en el término y jurisdicción de la villa de Socuéllamos por los vecinos y forasteros de cualquier parte que sean y que sembrasen y cogiesen en el dicho término, con la obligación de llevarlo y entregarlo en las casas de la encomienda, sin pagarles por ello cosa alguna; sin embargo a los cosecheros de las dehesas de San Martín y Manjavacas, por costumbre inmemorial, la encomienda tiene la obligación de ir a recoger dichos diezmos, y si los cosecheros los trajesen a las paneras, la encomienda debe pagar medio real por cada fanega que trajesen.

Tiene también el derecho de pedir las primicias de los productos citados anteriormente; cobrando media fanega colmada de las primeras once fanegas de cada cosechero. (Se advierte de que aunque coja muchas fanegas no debe más que una única primicia de cada especie).

Posee el derecho de percibir y cobrar los diezmos de hortalizas que se cogen en el término de la villa de cualquier género que sean, tanto si son de riego como si no, excepto algunas huertas que son de regalía.

Percibe todos los diezmos de cáñamo, cominos, alcaravea, garbanzos, lentejas, cañamones, azafrán, etc., y de todas las demás cosas que se siembran en la villa, excepto los melones y cohombros, a no ser que se siembren en huertas de riego que sí pagan diezmo.

Cobra también el diezmo de la uva y aceite de las viñas y olivas que están plantadas en el término de la villa; los cosecheros tienen la obligación de llevarlas a las casas y jaraíz de la encomienda.

Tiene el derecho de los diezmos de lana y añinos de los ganados que se esquilan en el término de la villa por los vecinos y forasteros; advirtiendo que los ganados que se venden desde mediados de marzo en adelante, queda como deudor del diezmo la persona que vende el ganado.

Cobra la encomienda los diezmos de las crías del ganado lanar, cabrío y de cerda que se crían en la villa y su término y jurisdicción, pero si los crían fuera solo deben la mitad del diezmo. Es costumbre que al diezmar de los ganados citados, en las partidas por decenas, siendo cinco se echa a suertes y el que gana se lleva la cabeza y paga al otro 25 maravedís de rebujal; si pasan de cinco se lleva la cabeza el comendador y paga al dueño 5 maravedís por cada cabeza hasta la decena; y si no llegan a cinco, pagan a la encomienda de rebujal 5 maravedís por cabeza. Esto se hace desde tiempo inmemorial.

También le pertenece la mitad del diezmo de estos ganados que crían los vecinos de Las Mesas; esto es así por ejecutoria litigada por la encomienda y el Concejo de la villa de Socuéllamos con la villa de Las Mesas y sus vecinos y por costumbre inmemorial que hay de ello; cobra también el medio diezmo del ganado vacuno.

Cobra los diezmos del ganado vacuno, potros, muletos y pollinos que crían los vecinos de Socuéllamos: pagan un real y medio por cada cabeza de vacuno, 100 maravedís por cada cabeza de muletos y potros, y 25 por la de pollinos.

También percibe el diezmo de pollos, pavos y gansos que se crían en la villa y su jurisdicción, menos los del lugar de Tomelloso que los cobra la Mesa Maestral del partido de Quintanar que es a quien toca ese diezmo.

1.4.3. Juros y censos

La encomienda tiene el derecho de percibir y cobrar 63.430 maravedís de renta cada año de un juro que tiene sobre las alcabalas de la villa de Campo de Criptana que se cobran del tesorero de su majestad que reside en la villa de Ocaña.

Y tiene 68.018 maravedís de otro juro sobre las sedas de Granada, y por no caber se impuso sobre las «yerbas» de Calatrava. Se cobra esta renta por libranzas que sacan de su Majestad.

2. VALORES DE LAS RENTAS DE LA ENCOMIENDA

Los valores de las rentas de la encomienda varían según sean los años. Pero siempre son altos, ya que esta es, después de la encomienda Mayor de Castilla, la más importante de la zona y una de las mejores de la Orden de Santiago. Estos valores fueron:

Años	Trigo	Cebada	Centeno	Avena	Maravedís
1603	3.650	2.100	530	-	831.420
1652	Todo el valor en metálico				4.125.000
1660	Valor en ducados 15.519 que equivalen a				5.819.625
1716	2.600	1.640	1.630	110	200.650
1717	2.640	1.410	1.460	170	180.421
1718	2.850	1.710	1.480	110	187.550
1755	5.160	1.890	4.470	180	
1756	7.930	2.760	3.290	300	

Nota 1. Los valores de los granos van expresados en fanegas.

Nota 2. En los años 1652 y 1660 los valores van expresados en metálico, esto quiere decir que cuando se tomaron las cuentas los granos ya se habían vendido.

Nota 3. En los años 1755 y 1756 no aparecen reflejadas las cuentas de maravedís; esto es debido a que en esos años aparecen englobados junto al resto de las encomiendas del Común de la Mancha, en las cuentas de las décimas del convento de Uclés.

3. OBLIGACIONES Y CARGAS DE LA ENCOMIENDA

Como podemos apreciar a continuación, las obligaciones y cargas de la encomienda de Socuéllamos eran muchas y muy variadas. En la descripción que estamos siguiendo del año 1667 eran:

- Pagar cada año la décima parte de los frutos de granos, vinos, ganados, lana y de todos los demás géneros y de las legumbres y hortalizas, y diezmos y rentas de maravedís que la encomienda tiene y le pertenecen al convento de Santiago de Uclés.
- Pagar subsidio y excusado a su Majestad en conformidad del repartimiento que se hace de las rentas eclesiásticas de que ordinariamente dan provisiones para dicha paga.
- Debe pagar las ayudas de costa a los curas de las parroquiales de esta villa y del lugar de Tomelloso; se les da normalmente 25.000 maravedís al de la villa y 15.000 al de Tomelloso.
- Pagar cada año por la Pascua de Navidad 3.500 maravedís a los pobres de la villa; los reparte el administrador de la encomienda con la intervención del cura de la parroquia.
- Es caga del comendador, su alcaide o administrador nombrar guardas para los montes y dehesas de Manjavacas y de La Torre que son propios de la encomienda. Las penas de una y otra son la mitad para la encomienda y la otra mitad para la guarda que recibe también, cada año de las mismas, 150 reales, dos fanegas de trigo y otras dos de cebada.
- Es carga tener asalariados letrado y procurador en esta villa para que le ayuden y defiendan en todas sus causas civiles y criminales, y en otros casos; los salarios que se pagan son, al letrado 5.000 maravedís y al procurador 1.500.
- Es carga tener asalariado un agente para todos los negocios y causas que se ofrecen en esta villa, al cual se le paga al año 10.000 maravedís.
- Debe pagar al pregonero de la villa cada año 24 reales por los pregones y remates de las rentas y demás cosas de la encomienda.
- Debe tener terceros que recojan los grano que se diczman a la encomienda en las villas de: Las Mesas, La Mota, Pedro Muñoz, El Toboso, Campo

de Criptana, Tomelloso y Santa María de los Llanos por los vecinos de dichas villas y el lugar de Tomelloso, que van a labrar tierras en la diezmería de la encomienda; se les paga cada año 200 reales a cada uno por recoger y guardar los dichos diezmos de granos y otras cosas; al de Campo de Criptana solo se le pagan 100.

- Debe pagar los camarajes para estos diezmos en Pedro Muñoz, El Toboso, Campo de Criptana, Tomelloso y Santa María de los Llanos, por no tener la encomienda en dichos lugares casas propias. Se pagan según concierto que hacen con los dueños de las cámaras.

A modo de ejemplo detallamos las cargas correspondientes al año 1652 reflejadas en el libro de visitas 1.340 C de la sección de Órdenes Militares del Archivo Histórico Nacional.

Obligaciones y cargas	Maravedís
1º. Décima al convento de Uclés	412.500
2º. Otras cargas:	
- De subsidio	160.875
- De excusado	114.362
- De presidios y soldados por 15 lanzas	134.640
- Para el batallón de las órdenes	67.320
- Del premio de la cuarta parte en plata de estas partidas de acuerdo al 20%	13.761
- De limosna por 15 lanzas	7.500
- Al cura de Socuéllamos	25.000
- Al cura de Tomelloso	15.000
- De otras cosas	59.464
Total de obligaciones y cargas	1.010.402

El valor de las rentas totales de la encomienda en el año 1652 fue de 4.125.000 maravedís, y quitándole los 1.010.402 de las cargas quedan para la encomienda 3.114.598. Naturalmente de esta cantidad hay que quitar todos los demás gastos a los que hemos hecho referencia, en la primera parte de este apartado, como gastos fijos.

4. LOS COMENDADORES

Los comendadores que detentaron la encomienda de Socuéllamos en los siglos XVII y XVIII fueron:

Siglo XVII

Don Martín de Córdoba. Marqués de Cortes, presidente del Consejo de las Órdenes y trece de Santiago.

Don Juan de Zúñiga Avellaneda y Bazán. Duque de Miranda, conde de Peñaranda y trece de la Orden.

Don Diego de Zúñiga Avellaneda y Bazán. Hijo del anterior, duque de Miranda y conde de Peñaranda.

Don Francisco de Zúñiga Avellaneda y Bazán. Hijo del anterior y con los mismos títulos.

Doña Ana Acebedo Enríquez Osorio de Valdés. Esposa del anterior; tenía el goce de los frutos de la encomienda.

Don Diego de Zúñiga Avellaneda y Bazán. Hijo de los anteriores; fue comendador honorífico, ya que era su madre la que percibía los frutos de la encomienda.

Siglo XVIII

Don Baltasar Barroso de Ribera. Marqués de Malpica. Este comendador detento la encomienda los últimos años del siglo XVII y los primeros del XVIII.

Su Alteza Real y Serenísimo Señor Don Luis Antonio Jaime, infante cardenal y arzobispo de Toledo.

Página anterior, escudo de Tomelloso. Fuente: Archivo Municipal de Tomelloso.

5.1. LA IGLESIA

5.1.1. Generalidades

El lugar de Tomelloso en el siglo XVIII, como en siglos anteriores, pertenecía al Común de la Mancha dentro del Priorato de Uclés de la Orden Militar de Santiago. Tomelloso era, por tanto, un pueblo de su Majestad, lo mismo que todos los pertenecientes a dicha Orden, ya que el Maestrazgo de la misma lo detentaban, desde los Reyes Católicos, los reyes de España.

Por ello, todos los diezmos de trigo, cebada, centeno, avena, vino, aceite, ganados y de todo lo que siembran, cogen y crían los vecinos del lugar pertenecen a la Mesa Maestral de su Majestad, excepto lo que cogen en tierras de la encomienda de Socuéllamos que los percibe su comendador.

El día 7 de abril del año 1742 el señor don Miguel Verdes Montenegro, caballero del hábito de Santiago, del Consejo de su Majestad en el Real Consejo de las Órdenes, juez protector, particular y privativo de las iglesias situadas en el territorio de dichas órdenes; ante las muchas peticiones de las referidas iglesias envió un despacho para que los curas párrocos y los mayordomos de la fábrica y caudal de todas las iglesias parroquiales de dicho territorio contestaran a una serie de cuestiones que iban especificadas en el referido escrito.

En las diligencias, llevadas a cabo ante notario, para contestar a dicho despacho el día 23 de noviembre del mismo año, consta que el lugar de Tomelloso tenía 360 vecinos; también consta que la iglesia tenía para su servicio seis sacerdotes, incluido el párroco, un ordenante de Evangelio y tres de menores. Cuatro de los sacerdotes eran religiosos de distintas órdenes.

La iglesia parroquial de Nuestra Señora de la Asunción, como las de los demás pueblos del Priorato de Uclés, pertenecía a la Orden de Santiago y, por ello, sus curas párrocos solían ser caballeros con hábito de dicha Orden.

En el referido año de 1742 el cura propio de la iglesia era don Francisco Vara del Rey, y el mayordomo de su fábrica y caudal don Antonio Javier Rodrigo Cisneros.

5.1.2. Descripción del edificio

La fábrica de la iglesia es de cal y canto muy bien trabajada y con sillares en la fachada principal y en la torre que está situada en el lado oeste. Es de una nave con crucero, toda de bóveda de medio cañón y cúpula sin tambor en el crucero; mide 47 varas de larga; tiene dos naves laterales que se añadieron posteriormente.

La torre es de tres cuerpos y fue terminada el año 1689.

La portada es adintelada con dos pilastras que sostienen el dintel; teniendo las puertas de madera muy deterioradas.

La iglesia tiene cinco altares con las medidas siguientes: el altar mayor mide dos varas y media de largo y algo más de alto, y los demás una vara y media de largo y una de ancho poco más o menos.

En el altar mayor hay un retablo dedicado a Nuestra Señora de la Asunción, titular de la iglesia parroquial.

La sacristía está fabricada a cal y canto igual que la iglesia; el techo es de tirantes y bovedillas y el suelo de yeso y arena; hay en ella cuatro cajoneras muy deterioradas.

5.1.3. Reparaciones que necesita la iglesia

La iglesia está necesitada de varias reparaciones que han sido tasadas por el maestro de obras Joseph Olmedo Castellanos, vecino del lugar, en las siguientes cantidades:

- Para reparar el tejado y otras cosas serán necesarios, incluidos los materiales, 4.000 reales.
- Para las puertas otros 1.000, lo que supondrán un total de 5.000 reales.

5.1.4. Alhajas de plata, ornamentos, etc.

ALHAJAS:

En las diligencias que estudiamos se inventariaron las alhajas siguientes como pertenecientes al caudal de la parroquia:

- Una cruz de 13 libras.
- Un copón de altar mayor de 15 onzas.
- Otro del comulgatorio dorado por dentro de 32 onzas.
- Cajita para el viático de 1,5 onzas.
- Custodia sobredorada de 6 libras y 12 onzas.

- Otra pequeña también sobredorada de 23 onzas.
- Incensario con sus cadenas de 53 onzas.
- Naveta sin dorar, 12 onzas.
- Cáliz con la copa dorada por dentro de 22 onzas.
- Lámpara para el Santísimo de 56 libras. Esta lámpara se hizo con limosnas recogidas por don Juan Rodrigo de Vara, clérigo de menores y vecino del lugar.

ORNAMENTOS Y OTROS BIENES

La iglesia parroquial posee para los diferentes tiempos litúrgicos y festividades todo tipo de ornamentos de seda, lana, terciopelo, etc., como casullas, dalmáticas, capas pluviales y otros, de diferentes colores: morados, verdes, rojos, negros y blancos.

También tiene todo tipo de prendas de ropa blanca: roquetes, amitos, albas, corporales, sabanillas para los altares, etc.

Asimismo posee misales, breviarios, devocionarios y otro tipo de libros de varios temas.

Posee también diferentes tipos de muebles, como armarios y cajoneras para la sacristía, confesionarios, bancos, facistoles y otros.

5.2. INGRESOS Y GASTOS

5.2.1. Ingresos

La financiación de la iglesia parroquial era muy variada y sus ingresos procedían de diferentes fuentes:

1º. Ayuda de costa al beneficio curado de los perceptores de los diezmos del lugar.
2º. Los diezmos de la Casa Cáñama.
3º. Rentas y diezmos de los bienes propios.
4º. Ingresos por actividades propias.
5º. Otras ayudas.

5.2.1.1. Ayuda de costa al beneficio curado

Ya hemos indicado que los perceptores de los diezmos del lugar de Tomelloso eran: la Mesa Maestral de su Majestad y la encomienda de Socuéllamos.

1º. La Mesa Maestral

En las diligencias que comentamos consta que uno de los perceptores de los diezmos del lugar era la Mesa Maestral del partido de Quintanar y dado que el maestrazgo de la Orden lo detentaba la Corona, en el año de referencia de 1742 quien en realidad los recibía era el rey Felipe V, siendo el administrador de los mismos don Juan Quirós Ramírez, vecino de la villa de Campo de Criptana.

En las diligencias no se especificaban las cantidades de estos, pero sí se dice que el beneficio curado recibe de ayuda de costa 400 reales.

2º. La encomienda de Socuéllamos

El otro perceptor de los diezmos era esta encomienda que recibía el diezmo de todo lo que los vecinos del lugar de Tomelloso sembraban y cogían en tierras de la misma o en tierras del término de la villa de Socuéllamos, cuyos diezmos pertenecían a la citada encomienda.

El administrador general de la encomienda era don Francisco de las Infantas, vecino de Campo de Criptana, que pagaba de ayuda de costa 400 reales.

En total la ayuda de costa era de 800 reales

5.2.1.2. Diezmos de la Casa Cáñama o Excusada

Un ingreso importante de la iglesia parroquial lo constituían estos diezmos, dado que como ya sabemos esa Casa era la de uno de los tres mayores cosecheros del lugar.

En las diligencias no aparecen pormenorizadas las cantidades de estos diezmos, pero sí se dice que en total suponían 2.600 reales.

5.2.1.3. Rentas y diezmos de los bienes propios

En las diligencias que estudiamos se dice que la iglesia parroquial de Tomelloso no posee ni tierras ni otros bienes, por lo que por este concepto no tiene ingreso alguno.

5.2.1.4. Ingresos por actividades propias de la parroquia

Por estas actividades consta que la parroquia tenía los ingresos siguientes:

- Por rompimiento de sepulturas, misas testamentarias y de colecturía, cepillos de bautizos y otros, 450 reales.

- Por limosnas que los vecinos pagaban por poder trabajar los días de fiesta durante la recolección del agosto, 560 reales

Total de ingresos por ese concepto 1.100 reales

5.2.1.5. Otras ayudas

Los perceptores de los diezmos del lugar también pagaban, de forma proporcional a sus ingresos, los gastos extraordinarios de la parroquia.

En el libro manuscrito 18 C del Archivo Histórico Nacional relativo a las Órdenes Militares, en los folios que hacen referencia a la iglesia de Tomelloso, hay una nota que dice:

«Se comenzaron diligencias el año 1687 en el Consejo de las Órdenes, rematándose los reparos que se pedían en 52.000 reales y antes de señalarse ornamentos se mostró parte el Comendador de Socuéllamos.

Después en el año de 1716 pidió el defensor que la iglesia se hiciese más grande respecto a lo que había aumentado aquel pueblo, y se hiciese dicha obra a costa de la iglesia que tenía caudal; y se aprobó el remate en 64.000 reales, y el año de 1718 se mandó reconocer esta obra con citación a los interesados en diezmos; y no consta si esta obra ha concluido».

5.2.2. Gastos

En las diligencias no aparecen pormenorizados los gastos, solo se dice que en el quinquenio de 1737 a 1741 fueron 25.368 reales, lo que hace una media anual de 5.073 reales.

RESUMEN DE INGRESOS Y GASTOS

INGRESOS	
Ayuda de costa	800 reales
Casa Cáñama	2.600 reales
Rentas propias	....
Actividades propias	1.010 reales
Total ingresos	4.410 reales
GASTOS	
Total gastos	5.073 reales

Arriba, iglesia parroquial de Nuestra Señora de la Asunción de Tomelloso en la primera mitad del siglo XX. Izquierda, la misma iglesia en la actualidad. Archivo Fotográfico Municipal de Tomelloso.

Izquierda, campanario y reloj de la torre de la iglesia parroquial de Tomelloso. Abajo, retablo del altar mayor de la iglesia con el tema central de Nuestra Señora de la Asunción. Archivo Fotográfico Municipal de Tomelloso.

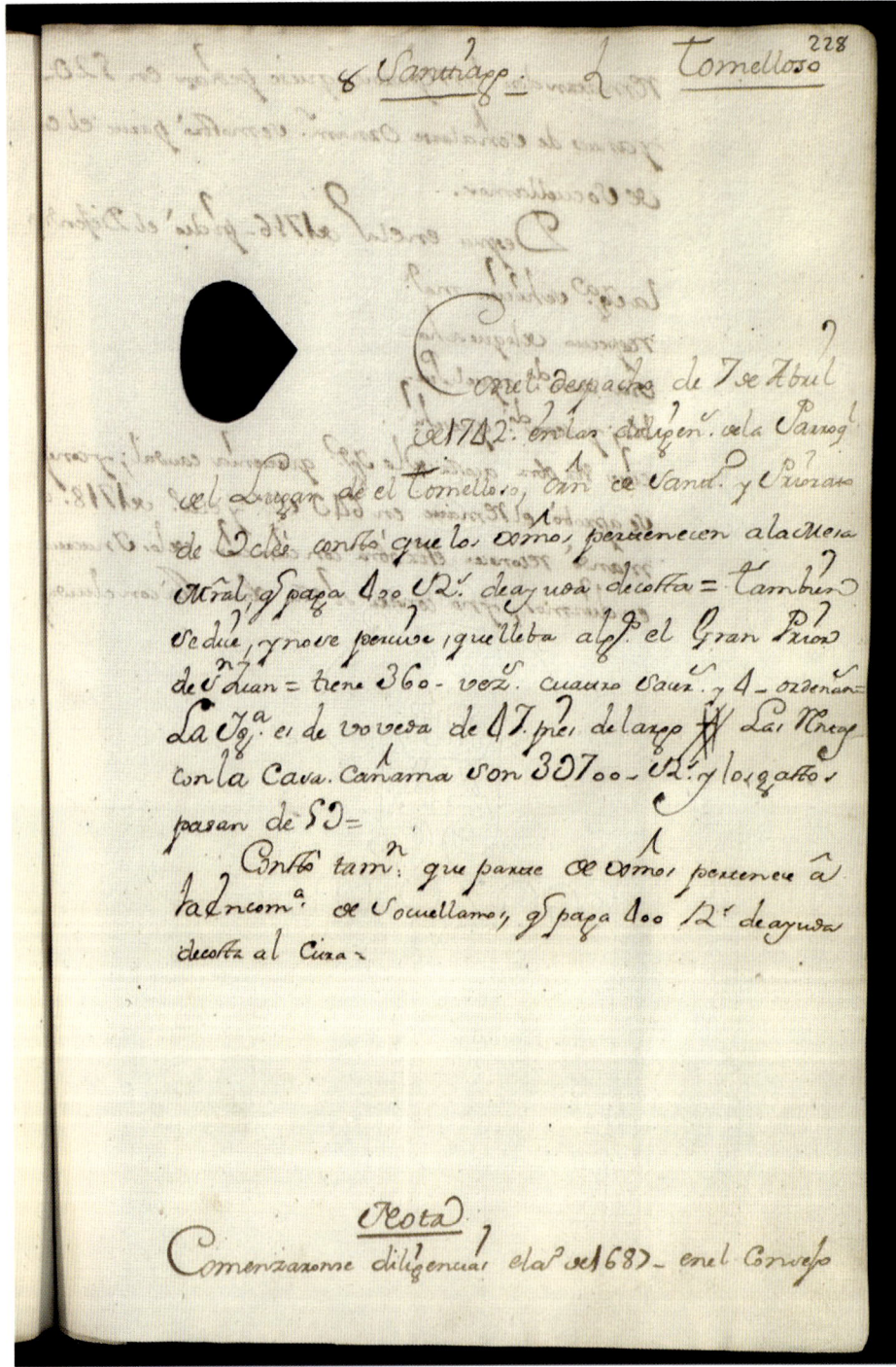

Documento que trata del lugar de Tomelloso. Fuente: AHN, OOMM, libro manuscrito 18 C, folio 228.

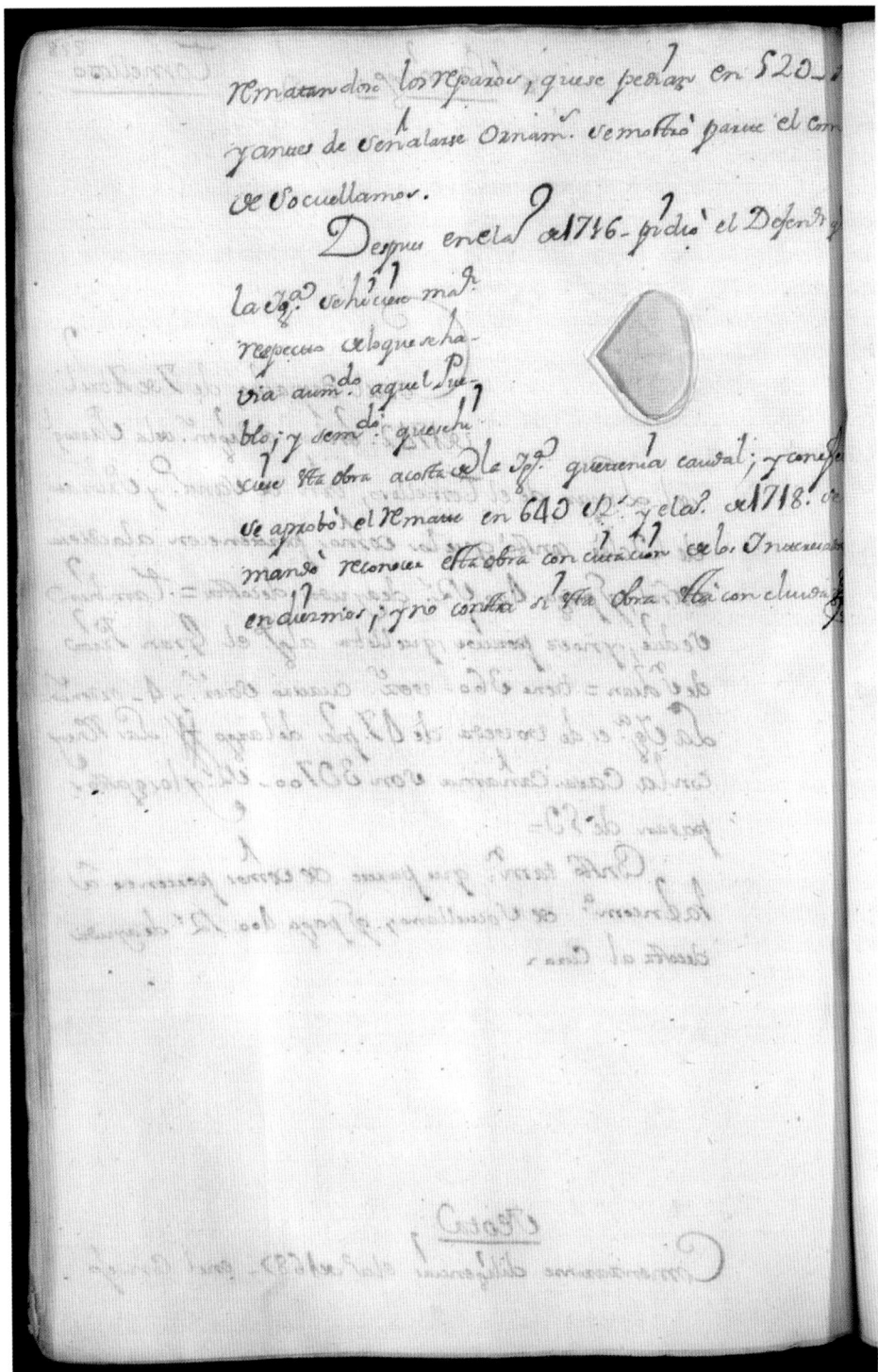

Parte posterior del documento anterior, esto es, folio 228v del citado manuscrito.

ANEXO. NOTAS SOBRE LA IGLESIA PARROQIAL

La iglesia parroquial de Nuestra Señora de la Asunción de Tomelloso se inició en el año 1599 cuando don Jerónimo Romero, prior del convento de Santiago de Uclés, mandó construir una nueva iglesia en Tomelloso.

Construida, pues, a principio del siglo XVII, fue ampliada en varias épocas; tiene planta de cruz latina, con su cúpula y naves laterales, destacando en sus laterales las que fueron capilla de Juan Galindo y María López de la Parra, que nos han dejado vestigios de los orígenes del primer templo parroquial.

Su fábrica es de mampostería, en algunas zonas revocada y en otras vista, excepto en la torre y en la portada principal que es mayormente de sillares.

Se emplaza en el mismo solar de la primera iglesia que tuvo la localidad. Todo parece apuntar a que la primera iglesia en Tomelloso se empezó a construir en torno a 1541, siendo sacerdote de la misma don Miguel Molina, el cual acabó dotando a la iglesia de la pila bautismal.

Por las Relaciones Topográficas de Felipe II, en el año 1578, sabemos que su advocación era la de la Concepción de Nuestra Señora.

Dentro del templo podemos apreciar una gran belleza iconográfica: el retablo que cuenta en su calle central con la imagen titular de la parroquia, la Asunción de Nuestra Señora, construida en 1776; las pechinas de la bóveda central están decoradas con los cuatro evangelistas, Otras obras que podemos admirar en la iglesia son el Calvario y el Nacimiento, bien en pintura bien en imaginería.

En el exterior de la iglesia podemos destacar, en su fachada principal que da acceso al interior del templo, la cruz de la Orden de Santiago con la inscripción del año 1689.

Interior de la iglesia parroquial de Nuestra Señora de la Asunción de Tomelloso. Fuente: Archivo Fotográfico Municipal de Tomelloso.

CONSIDERACIONES FINALES

1º. IMPORTANCIA DE LOS PUEBLOS DE ACUERDO CON EL NÚMERO DE VECINOS O HABITANTES

La importancia de los pueblos del Común de la Mancha de acuerdo con el número de habitantes no era en el siglo XVIII, época a la que nos referimos en el trabajo, la misma que en la actualidad. Para ver cómo ha ido evolucionando vamos a comparar los datos del año 1742, o sea los datos del trabajo, con los de mediados del siglo XIX y con los de mediados del siglo XX.

1742

PUEBLO	VECINOS
Campo de Criptana	900
Pedro Muñoz	500
Socuéllamos	360
Tomelloso	360

Fuente: AHN, OOMM, libro manuscrito 18 C, varios folios.

1840

PUEBLO	VECINOS
Campo de Criptana	1.040
Tomelloso	941
Pedro Muñoz	494
Socuéllamos	462

Fuente: P. Madoz: *Diccionario geográfico, estadístico, histórico de los pueblos de España y sus posesiones de ultramar*, 1845-1850, varias páginas.

1950

PUEBLO	HABITANTES
Tomelloso	30.072
Campo de Criptana	15.427
Socuéllamos	12.775
Pedro Muñoz	7.416

Fuente: *Gran Enciclopedia Larousse*.

2º. LA GRAN CANTIDAD DE CLÉRIGOS QUE HABÍA EN LOS PUEBLOS DEL COMÚN DE LA MANCHA EN LA ÉPOCA DE NUESTRO ESTUDIO

Al estudiar cada uno de las iglesias de los pueblos del Común de la Mancha hemos visto el número de clérigos que cada una tenía para su servicio. Aquí vamos a hacer un cuadro en el que aparecerán relacionados los pueblos de acuerdo con la cantidad de clérigos que en el año 1742 tenía cada uno:

Pueblo	Sacerdotes	Ordenantes	Total
Campo de Criptana	24	14	38
Socuéllamos	6	6	12
Tomelloso	6	4	10
Pedro Muñoz	6	2	8

3º. PRODUCTOS DE LA ECONOMÍA DEL COMÚN DE LA MANCHA EN EL SIGLO XVIII

Examinando los diezmos de las casas Cáñamas, los de las encomiendas y los de la Mesa Maestral de los diferentes pueblos del Común podemos ver los productos agrícolas y ganaderos que se daban en el siglo de referencia en la zona que estamos estudiando en este trabajo.

En agricultura la producción era fundamentalmente de cereales con este orden de importancia: trigo, cebada, centeno, avena y escaña; se producían algunas legumbres como garbanzos y fríjoles, y en algunos pueblos algo de azafrán; también se producían productos de huerta, entre los que destacaban las habas.

También se daba el cultivo del olivar y de la viña, pero en cantidades no demasiado importantes, sin nada que ver con la producción actual, sobre todo de viñedo.

La ganadería era esencialmente lanar con importante producción de corderos y corderas para el aprovechamiento sobre todo de la lana y el queso; también se daba algo de ganado caprino, fundamentalmente para el consumo de leche.

Asimismo se producían animales de corral para el consumo familiar y, si sobraban, para la venta; los más importantes eran: cerdos, pollos, gallinas, palomas, etc. En algunos pueblos del Común había colmenas para la producción de miel y cera,

4º. PRECIOS DE LOS PRODUCTOS MÁS IMPORTANTES

PRODUCTOS	PRECIOS
Trigo	15-18 reales/fanega
Cebada	8-10 reales/fanega
Centeno	11-14 reales/fanega
Avena	4-7 reales/fanega
Escaña	15 reales/fanega
Garbanzos	28 reales/arroba
Frijoles	12 reales/arroba
Aceite	20 reales/arroba
Vino	3-4 reales/arroba
Corderos/as	13-14 reales/uno
Lana	20-25 reales/arroba
Leche	1,5 reales/azumbre
Queso	25 reales/arroba
Pollos	2,2 reales/uno
Gallinas	4,5 reales/una
Huevos	1,8 reales/docena
Cera	42 reales/arroba
Miel	26 reales/arroba

Nota. En la columna de los precios, donde aparecen dos es por la variación de unos pueblos a otros o debido a diferentes variedades del producto.

5º. ADMINISTRACIÓN DE LOS CEMENTERIOS

La última consideración que podemos hacer es que en el siglo XVIII y en los siglos anteriores la administración de los cementerios era competencia de la iglesia y no de la administración civil, como en la actualidad.

Cuando hemos estudiado las iglesias de los diferentes pueblos, hemos visto cómo un ingreso importante de estas era la apertura de sepulturas. Asimismo hemos podido apreciar que una partida de los gastos de las mismas era para la reparación de dichas sepulturas.

GLOSARIO DE TÉRMINOS ANTIGUOS Y PALABRAS TÉCNICAS

ADARME: Antigua medida de peso que equivalía a 1,79 gramos.

ARRELDE: El arrelde equivale a cuatro libras.

AÑINOS: Pieles de cordero de menos de un año con su lana.

ARQUITRABE: Parte inferior del entablamento, descansa sobre las columnas o pilastras.

ARROBA: Peso equivalente a 12,502 kg., en Aragón 12,5 kg. Medida de capacidad, para vino equivale a 16,133 litros y para aceite, 12, 563 litros.

AZÓFAR: Latón; aleación de cobre y cinc.

AZUMBRE: Medida de capacidad para líquidos, equivale a 2 litros aproximadamente.

CAHIZ: Medida de capacidad que en Castilla tenía 12 fanegas y equivalía a 666 litros.

CELEMÍN: Medida de capacidad para áridos que tiene cuatro cuartillos y equivale a 4,625 litros. Medida antigua de superficie que en Castilla equivale a 537 metros cuadrados, era el espacio de terreno necesario para sembrar un celemín de trigo u otros granos.

COLECTURÍA: Oficio de colector de las limosnas de las misas.

COMENDADOR: Caballero que tiene encomienda en cualquiera de las órdenes militares o de caballería. Dignidad en algunas órdenes militares inferior a la del maestre.

COLLAZOS: Compañeros de servicio en una casa, o criados y criadas.

CUARTILLO: Medida de capacidad para áridos, cuarta parte de un celemín, equivale a 1,156 litros. Medida para líquidos, cuarta parte de un azumbre, es igual a 0,5 litros.

DUCADO: Moneda imaginaria equivalente a 11 reales de vellón más un maravedí, esto es, 375 maravedís. Algunos autores consideran que su valor era de 10 reales de vellón.

ENCOMIENDA: Dignidad dotada de renta competente que en las órdenes militares se daba a algunos caballeros. Lugar, territorio y rentas de esa dignidad. Circunscripción de las órdenes militares.

ENTABLAMENTO: Conjunto de piezas que están sobre las columnas o sobre las pilastras en la arquitectura adintelada.

ESCAÑA: Especie de trigo de paja dura y corta.

ESTOFADO: Técnica de la imaginería en madera policromada, tiene su origen en el arte gótico y de ahí pasó al barroco.

ESTUCO: Masa de yeso blanco y agua de cola con la cual se preparan muchos objetos que después se doran o pintan.

EXCUSADO: El excusado era un impuesto implantado por Felipe II que gravaba a una casa diezmera elegida por la Casa Real entre las de una determinada parroquia, normalmente solía ser la que más tributaba a la iglesia. La obligación consistía en que los diezmos que debería pagar dicha casa a la iglesia eran pagados al rey.

FANEGA: Medida de capacidad para áridos que tiene 12 celemines y equivale a 55,7 litros. Espacio de tierra en el que se puede sembrar una fanega de trigo; en Castilla equivale a 64,596 áreas o 6.459,6 metros cuadrados.

FRÍJOLES: Especie de judías.

FRONTÓN: Remate triangular de una fachada u de un pórtico. Se coloca también encima de puertas y ventanas.

HAZA: Porción de tierra de labranza o de sembradura.

HORNO DE POYA: Horno de común en el que se pagaba la llamada «poya», que era el derecho que se abonaba en dinero o en pan por poder cocer en dicho horno.

LEGUA: Medida itinerante, definida por el camino que se anda en una hora; en el antiguo sistema español equivalía a 5.572,7 metros.

LIBRA: Peso antiguo de Castilla, dividido en 16 onzas y que equivale a 460 gramos.

MARAVEDÍ: Moneda española, efectiva unas veces e imaginaria otras, que ha tenido diferentes valores. En la época de nuestro estudio equivalía a 1/34 de real.

MARCO: Peso de media libra o 230 gramos, se usaba para pesar oro y plata; el de plata se divide en 6 onzas, y el del oro en 50 castellanos.

MAESTRE: Superior de cualquiera de las órdenes militares.

MAESTRAZGO: Dignidad del maestre. Dominio territorial o señorío del maestre de una orden militar.

MESA MAESTRAL: Conjunto de rentas o propiedades específicas asociadas al cargo de maestre. Núcleo de rentas del maestre.

PECHINA: En arquitectura, cada uno de los cuatro triángulos curvilíneos que forman el anillo de la cúpula con los arcos torales con los que estriba.

PELTRE: Aleación de cinc, cobre y estaño.

PIE: Medida de longitud que equivale a 0,3048 metros; el pie castellano equivalía a 0,278 metros.

PLINTO: En arquitectura, parte cuadrada inferior de la basa. Base cuadrada de poca altura.

REAL: Moneda de plata cuyo valor solía variar; en la época de nuestro estudio su valor era de 34 maravedís. En épocas posteriores su valor fue de 25 céntimos de peseta.

REBUJAL: Número de cabezas que en un rebaño exceden de 50 o de un múltiplo de 50.

RIPÍA: Tabla delgada, desigual y sin pulir.

SALVILLA: Bandeja con una o varias encajaduras donde se aseguran las copas, tazas o jícaras que se sirven en ella.

SITUADO: Salario, sueldo o renta señalados sobre algunos bienes o productos

SUBSIDIO: Subsidio o décima era el nombre de un impuesto sobre alquileres y tierras propiedad de la Iglesia propio de la monarquía española del Antiguo Régimen, cuya naturaleza eclesiástica conlleva disputas con la Santa Sede.

VARA: Medida de longitud que en Castilla tenía tres pies, y que equivalía a 0,772 metros.

APÉNDICE A LAS CUATRO IGLESIAS

Quiero con este apéndice hacer algunas aportaciones más al tema que hemos desarrollado en este trabajo, utilizando como fuente principal el libro de don Inocente Hervás y Buendía titulado *Diccionario histórico, geográfico, biográfico y bibliográfico de la provincia de Ciudad Real*, y alguna otra que citaré puntualmente en los momentos oportunos.

CAMPO DE CRIPTANA

De acuerdo con Hervás y Buendía, en la obra citada nos dice:

«La Iglesia Parroquial.- Con el título de Ntra. Sra. de la Asunción tiene la categoría de término, es su fábrica de una nave, del estilo gótico florido, con varias capillas a uno y otro lado de más moderna construcción y cuya obra se concluyó en 1590».

Campo de Criptana, iglesia de Nuestra Señora de la Asunción, años 60. Fuente: CECLM.

Más adelante trata en su obra de otros edificios religiosos que a continuación reseñamos:

Convento. Nos dice sobre este que hecha la fundación en el año de 1597 se iniciaron la obras de la iglesia de Santiago, que era destinada par parroquia, y que después se adquirieron unas casas para la construcción del convento; también nos dice que en 1704 se terminó dicha iglesia.

Sin embargo no nos dice nada de cómo era dicha iglesia, pero en el Libro de Visitas 6 C de las Órdenes Militares del Archivo Histórico Nacional, entre otras muchas cosas, podemos leer:

> «Visitaron la iglesia de dicho convento que es de tres naves y muy bien cubierta de madera de pino, y las paredes de cantería, tiene la puerta al Cierzo».

Nuestra Señora de la Paz. Esta ermita está construida sobre las ruinas de un fuerte que había en lo alto del cerro a cuyos pies se extiende la población, es de bóveda bizantina con sus estrechas troneras; se veneran aquí las imágenes de Nuestra Señora de la Paz y la de san Cristóbal; este último era el titular del primitivo fuerte.

En el ya citado libro 6 C podemos leer que es de una nave larga cubierta de madera a dos aguas; las paredes son en parte de ripia y en parte de tapiería, la puerta está al mediodía y tiene un postigo al poniente.

Santa Ana. Nos dice Hervás que, aunque la tradición hace de la ermita de la Vera Cruz la segunda iglesia del Campo, el rico artesonado y los retablos de los siglos XIV y XV que esta tiene obligan a designar esta ermita como la segunda construcción religiosa de esta población.

En el libro de visitas 6 C del Archivo Histórico Nacional podemos leer que la iglesia es de una nave que hace crucero en la capilla mayor donde hay una reja de madera torneada; dice también que en ella hay tres altares, el mayor dedicado a Santa Ana, en la parte del evangelio otro dedicado a Nuestra Señora, y en el de la epístola otro dedicado a san José con el Niño. El techo es a cuatro aguas de muy buena madera, labrado por los lados con líneas de saetín. Tiene dos puertas, una al mediodía y otra al poniente, muy buenas; las paredes de la ermita son de tapiería.

Vera Cruz. Sobre esta ermita se nos dice que, según la inscripción que hay en la portada, fue construida en el año 1579; también se dice que en ella se venera una imagen de Jesús atado a la columna; pero no nos dice nada del edificio.

En el mencionado libro de visitas 6 C se nos dice que visitaron la ermita de la Vera Cruz que está dentro de la villa donde se sirve la cofradía del mismo nombre. También se dice que es muy grande y tiene el techo a cuatro aguas cubierto de madera muy buena de cinta y saetín; la puerta la tiene al mediodía y al cierzo un postigo que da a un patio interior, y que la sacristía se halla en la parte del Evangelio. Dice también que tiene tres altares: el mayor y otros dos en las paredes de los lados.

Nuestra Señora de las Angustias. Nos dice Inocente Hervás que esta ermita es del siglo XVIII, con un buen retablo, aunque muy recargado de adornos, como obedeciendo a la tendencia de su época; nos dice también que en su sacristía se conservan dos esculturas de la Virgen, notables por su antigüedad, pues la que tiene el Niño en actitud de bendecir nos hace sospechar ser la primitiva titular de la parroquia.

Hervás nos sigue diciendo que la *ermita de la Concepción, la de la Soledad* que era la capilla del cementerio viejo, y *la de San Sebastián* no tienen nada de especial.

Nuestra Señora de Criptana. Nos dice Hervás, entre otras muchas cosas,, que esta ermita está situada en el cerro que fue antigua fortaleza y que cuando esta fue derruida, el prior de Uclés en el año 1513 aprobó un proyecto para construir en ese lugar una ermita; es esta iglesia de tres naves de estilo bizantino puro, se halla rodeada de buenas y cómodas habitaciones. La santa imagen es indudablemente de la Edad Media con el simbolismo típico de todas las imágenes de aquel tiempo.

También nos dice que, por gratitud de haberse visto libres de la asoladora plaga de langosta en 1547, el Concejo decretó una función votiva anual para el día 25 de marzo, la cual se trasladó al tercer día de Pascua de Resurrección y después al segundo; en ese día se conduce al pueblo, donde reside durante 15 días.

Cristo de Villajos. Entre otras cosas, Hervás nos dice sobre esta ermita que la primitiva iglesia de los repobladores de Villajos estuvo dedicada a san Marcos, cuya efigie retirada del culto revela su gran antigüedad; sigue diciendo que una imagen de Jesús Crucificado que se veneraba en aquella iglesia, atrajo después la devoción del pueblo, obscureciendo la del titular; y de tal manera creció que en el siglo XVII se hizo una nueva iglesia, al quedar pequeña la anterior. Este nuevo templo tomó el nombre de Santísimo Cristo de Villajos; está situado a 5 kilómetros al norte de Campo de Criptana, tiene un pórtico de arcos apuntados y planta de cruz latina, y está rodeado de habitaciones decoradas con esmero.

Tanto el día de san Marcos como en la festividad de Santísimo Cristo concurría mucha gente al santuario de los pueblos de la comarca. El Ayuntamiento, para evitar los escándalos que la gran concurrencia ocasionaba, obtuvo licencia del Consejo de las Órdenes en 1755 para trasladar la imagen del Santísimo Cristo a Campo de Criptana, al objeto de consagrarle allí los cultos anuales, y su fiesta se celebraría el domingo siguiente a la Exaltación de la Santa Cruz. Recientemente, y por razón de la vendimia, se fijó en el primer domingo de septiembre.

Por último hace también referencia a la *iglesia de San Gregorio Nacianceno* de la pedanía de Arenales de la Moscarda y a la *ermita y puente de San Benito* junto al río Záncara.

Pedro Muñoz

Según Hervás y Buendía en su obra citada, la primitiva *iglesia parroquial de Pedro Muñoz* fue la *ermita de San Antonio de Padua*, aneja o filial a la de Miguel Esteban, tiene 3.000 maravedís de renta que paga la Mesa Maestral que es quien percibe los diezmos.

Pedro Muñoz, iglesia parroquial de San Pedro Apóstol, años 60-70. Fuente: todocolecion.

Tiene la *ermita de San Miguel* situada a 5 kilómetros al sur de Pedro Muñoz, hallándose completamente arruinada.

En el libro de visitas 6 C del Archivo Histórico Nacional se habla también de la *ermita de Santa Ana*, situada a las afueras del pueblo, en su parte norte, en dirección a El Toboso

Y Martínez Falero nos dice que en el año 1663 la cofradía de la Vera Cruz construyó una ermita, *la de la Vera Cruz*, para venerar su imagen.

SOCUELLAMOS

Inocente Hervás, en su obra citada al principio, nos dice que la *iglesia parroquial* es de estilo gótico tardío de los últimos años del siglo XVI; nos dice también que el retablo mayor es del orden corintio, de un gusto depurado y correcto y los asuntos que conmemora en medio relieve, bien ejecutados, le dan un aspecto severo y majestuoso; dice también que en el año 1574 los visitadores de la Orden ordenaron ensanchar su sacristía que es cuadrada y espaciosa con rico artesonado.

Socuéllamos, inglesia parroquial de Nuestra Señora de la Asunción, hacia 1960. Fuente: CECLM.

Más adelante nos dice que en el pueblo hay otras edificaciones religiosas o benéficas, como son:

Nuestra Señora de los Ángeles. Esta ermita está extramuros al oeste y no lejos de la villa; por encontrarse en estado ruinoso en 1742 se trasladó la imagen a la parroquia y en el año 1798 el Concejo decretó su reparación, encargando de ella al señor cura.

San Martín. Nos dice que en el siglo XVI existía alrededor de la ermita ocho o diez casas de labradores y numerosos restos de antigua población.

San Sebastián. Esta ermita es del siglo XV y fue edificada por el voto del pueblo por razón de pestilencia.

Nuestra Señora del Loreto. Hervás nos dice que esta ermita se construyó en los primeros años del siglo XVII, y a los últimos se gastó una suma respetable en su reparación; dice también que en 1720 se construyeron los retablos de san Blas y san Cristóbal. En 1776 se construyó un nuevo retablo para el altar de Nuestra Señora. El pueblo de Socuéllamos profesó mucha devoción a esta Virgen, y las personas más influyentes se disputaban su mayordomía.

TOMELOSO

Siguiendo a Hervás y Buendía, en la obra ya citada, podemos leer:

«Forma su iglesia parroquial una cruz latina con su cúpula y naves laterales, cuya fábrica de mampostería acusa varias épocas. Constituía la iglesia primitiva la nave del centro hasta el crucero, en cuyo fondo tenía el retablo de Ntra. Sra. de la Paz. A mediados del siglo XVII se prolongó esta nave, se dio principio a la construcción de las capillas laterales por piadosos fundadores, que las destinaron para su enterramiento y el de sus familias y se levantó la torre, concluyéndose en 1689. En el siglo XVIII se le añadió el crucero con las dependencias que le son anejas, trasladando el altar de Ntra. Sra. de la Paz a una de sus capillas y fijando por patrona y titular de esta iglesia a Ntra. Sra. de la Asunción. El retablo mayor se construía en 1776...».

Tomelloso, plaza de España e iglesia de la Asunción. Fuente: CECLM.

También Hervás nos dice que existía la *iglesia de San Francisco*, de una sola nave y crucero, y cuya fábrica nos indica que es del siglo XVII.

BIBLIOGRAFÍA

INTRODUCCIÓN. EL COMÚN DE LA MANCHA

CHAVES, Bernabé: *Apuntamiento legal sobre el dominio solar de la Orden de Santiago en todos sus pueblos*, Ciudad Real, 1965. (Naturalmente es una reedición de la obra original de 1719).

CORCHADO SORIANO, M.: *El Priorato de Uclés. Iniciación al estudio geográfico-histórico del Priorato de Uclés en la Mancha*, Ciudad Real, 1965.

HERVÁS Y BUENDÍA, I.: *Diccionario histórico, geográfico, biográfico y bibliográfico de la provincia de Ciudad Real*, 1899.

1. LAS IGLESIAS. GENERALIDADES

AHN, OOMM, libro manuscrito 18 C.

AHN, OOMM, libro manuscrito 24 C.

2. CAMPO DE CRIPTANA

AHN, OOMM, libro manuscrito 18 C, folios 230-230v.

AHN, OOMM, libro manuscrito 24 C, folios 311-337.

AHN, OOMM, libro manuscrito 1.340 C, folios 346-383.

AHN, OOMM, libros manuscritos 6 C, 1.458 C, 1.128 C, 1.459 C, 1.340 C y 1.220 C.

AHN, OOMM, Uclés, carpeta 81, núm. 28, 29 y 31.

SALAZAR Y CASTRO, L.: *Los comendadores de la Orden de Santiago, 1658-1734*, Madrid, tomo I, pp. 84-96.

3. PEDRO MUÑOZ

AHN, OOMM, libro manuscrito 18 C, folios 232-232v.

AHN, OOMM, libro manuscrito 24 C, folios 349-357.

MARTÍNEZ FALERO, D. J.: *Historia de la villa de Pedro Muñoz*, Madrid, 1781.

OLMEDO RODRÍGUEZ, A.: *La voz de las piedras*, Pedro Muñoz, 2000.

4. SOCUELLAMOS

AHN, OOMM, libro manuscrito 18 C, folios 226-226v.

AHN, OOMM, libro manuscrito 24 C, folios 290-296.

AHN, OOMM, libro manuscrito 1.340 C, folios 346 y siguientes.

AHN, OOMM, libros manuscritos 1.128 C, 1.459 C, 1.220 C, 1.274 C y 24 C.

AHN, OOMM, Uclés, carpeta 315, núm. 16.

SALAZAR Y CASTRO, L.: *Los comendadores de la Orden de Santiago, 1658-1734*, Madrid, tomo I, pp. 296-301.

5. TOMELLOSO

AHN, OOMM, libro manuscrito 18 C, folios 228-228v.

AHN, OOMM, libro manuscrito 24 C, folios 299-309.

«Parroquia de la Asunción de Nuestra Señora. Historia», en la página web de la Unidad de Acción Pastoral de Tomelloso (www.iglesiaentomelloso.com).

CONSIDERACIONES FINALES

AHN, OOMM, libro manuscrito 18 C (varios folios).

AHN, OOMM, libro manuscrito 18 c y 24 C (varios folios).

Gran Enciclopedia Larousse.

HAMILTON, E. J.: *War and prices in Spain, 1651-1800*, Cambridge, Mass., 1947 (varias páginas).

MADOZ, P.: *Diccionario geográfico, estadístico, histórico de los pueblos de España y sus posesiones de ultramar*, 1845-1850 (varias páginas).

GLOSARIO DE TÉRMINOS ANTIGUOS Y PALABRAS TÉCNICAS

Varios diccionarios enciclopédicos y páginas de Internet.

APÉNDICE A LAS CUATRO IGLESIAS

AHN, OOMM, libro manuscrito 6 C (varios folios).

HERVÁS Y BUENDÍA, I.: *Diccionario histórico, geográfico, biográfico y bibliográfico de la provincia de Ciudad Real*, 1899 (varias páginas).

MARTÍNEZ FALERO, D. J.: *Historia de la villa de Pedro Muñoz*, Madrid, 1781 (varias páginas).

AGRADECIMIENTOS

Al Ministerio de Cultura y Deportes por autorizarme a utilizar en este trabajo la reproducción de los documentos que me han enviado los servicios
técnicos del Archivo Histórico Nacional de los libros manuscritos 18 C y
24 C de la Sección de Órdenes Militares del mencionado archivo.

A los cuatro ayuntamientos del trabajo, por haber escuchado mi petición for-
mulada por escrito y autorizarme a utilizar los escudos de sus respectivos
pueblos en dicho trabajo, así como los archivos fotográficos municipales.